교과서 한자어 6학년

어린이 훈민정음을 위한 **초등학교 6학년 국정교과서**

교과서 한자어

(사)훈민정음기념사업회 책임편집

6학년

개정 교육과정 최신판 교과서 철저 분석!
어린이 훈민정음과 교과서 한자어를 동시에!
(사)훈민정음기념사업회·문화체육관광부 산하

 가나북스

어린이 훈민정음을 위한 **초등학교 6학년 국정교과서**

교과서 한자어 6학년

발 행 일 | 2024년 5월 5일 초판 1쇄
지 은 이 | 박재성
책 임 감 수 | 김진곤
편 집 위 원 | 김보영 박화연 박희영 이도선
발 행 인 | 배수현
디 자 인 | 천현정
펴 낸 곳 | 가나북스 www.gnbooks.co.kr
감 수 처 | 사단법인 훈민정음기념사업회
출 판 등 록 | 제393-2009-000012호
주 소 | 경기도 파주시 율곡로 1406
전 화 | 031)959-8833(代)
팩 스 | 031)959-8834

ISBN 979-11-6446-108-0(63710)

6학년 과학 교과서에 '자화'라는 낱말이 나옵니다. 무슨 뜻일까요? 이러한 어려운 한자어 때문에 어린이 여러분들이 선생님께서 가르쳐주시는 내용을 바로 이해하지 못하고, 교과서를 읽어도 무슨 뜻인지 몰라 학교 수업이 재미가 없고 어렵다고 느꼈던 경험이 많을 것입니다.

이 '자화'라는 낱말을 만약 선생님께서 '자화(磁化 : 자기장 안의 물체가 자기(磁氣)를 띠게 됨)'이라고 한자로 함께 적어서 설명해 주셨더라면 '자화(自火 : 자기 집에 난 불)'인지 '자화(自畵 : 자기가 그린 그림)'인지 '자화(雌花 : 수술은 없고 암술만 있는 꽃)'인지 낱말의 의미를 시각적으로 생각할 수 있어서 '의사 선생님이 소하고 통한다.'라는 엉터리 풀이를 하지 않을 것입니다. 그래서 교과서 내용을 좀 더 빠르고 정확하게 이해할 수 있게 되어 어휘력이 좋아지면서 교과 학습능력도 지금보다 더 많이 향상될 수 있었을 것으로 생각합니다.

그래서 세종대왕께서는 우리 말을 더 쉽고 정확히 익힐 수 있도록 훈민정음을 만들어 주셨습니다. 이에 2022 개정 교육과정 최신판 초등학교 교과서에 실린 한자어를 철저히 분석하여 쉽게 이해하고 활용할 수 있는 『초등교과서 한자어 학습서』를 출간하였습니다.

어린이 훈민정음을 위한 교과서 한자어 공부는 다섯 가지 즐거움 즉, 오락(五樂) 공부입니다.

오락(五樂)이란? ①수업이 즐거운 「受業樂(수업락)」, ②학교가 즐거운 「學校樂(학교락)」, ③자녀가 즐거운 「子女樂(자녀락)」, ④부모가 즐거운 「父母樂(부모락)」, ⑤가정이 즐거운 「家庭樂(가정락)」의 다섯 가지[五] 즐거움[樂]입니다.

뿌리가 튼튼해야 열매가 풍성합니다. 대한민국의 미래를 위해서라도 어린이 훈민정음을 위한 교과서 한자어 학습은 문해력을 높여주는 특별한 학습법이 될 것입니다.

어린이 훈민정음을 위한 『초등교과서 한자어 [6학년]』 학습서는 초등학교 국정교과서 과목에 실린 한자어를 완전히 분석한 자료를 바탕으로 학교 수업과 직접 연결되게 하여 우리 어린이들이 재미있고 쉽게 교과서 한자어를 익힐 수 있도록 특별 비법으로 집필하였습니다.

아무쪼록 이 책으로 공부하는 우리 어린이들이 교과서의 내용을 더 빠르고 정확하게 이해하는 데에 도움이 되고, 나아가 즐거움 속에서 학습하고 마음껏 뛰놀면서 다양한 지식을 갖춘 글로벌 인재로 성장하는 데에 보탬이 되기를 소원합니다.

사단법인 훈민정음기념사업회 이사장/교육학박사 박 재 성

이 책의 특징

이 책은 2022 개정 교육과정에 맞춘 최신판 초등학교 6학년 국정교과서에 실린 한자어를 분석하였기 때문에 해당 학년의 교과서(국어, 수학, 과학, 도덕, 사회)에 나오는 한자어의 뜻을 쉽고 정확하게 이해하여 교과 학습능력도 향상될 수 있도록 어린이를 위한 훈민정음으로 교과서 한자어를 편집하였습니다.

1 6학년 교과서의 내용에 사용된 모든 한자어를 철저히 분석하였습니다.

2 국어, 수학, 과학, 도덕, 사회 과목의 순서대로 6학년 1, 2학기의 교과서 내용에 실린 한자어가 중복되지 않도록 배열하여 학교 수업과 직접 연관된 학습 교재가 될 수 있도록 노력하였습니다.

3 각 단원의 한자어마다 낱말을 구성하는 한자의 훈과 음은 물론 어휘의 뜻까지 노래 가사로 구성하여 누구나 노래만 부르면 저절로 외워질 수 있는 아주 특별한 학습방법을 고안하여 집필하였습니다.

4 각각의 한자어마다 단어 구성의 원리를 밝혀서 무조건 외우게 하는 책이 아니라 학생 스스로 쉽게 이해하고 재미있게 활용할 수 있는 스스로 학습법 교재가 될 수 있도록 편집하였습니다.

5 각각의 한자어마다 스스로 학습법을 채택하여 스스로 익힐 수 있도록 하여 생활 한자어 학습서의 기능은 물론이고, 개인 가정교사 역할도 할 수 있도록 편집하였습니다.

6 한자어마다 '암기비법' 방식으로 간단명료하게 한자어의 원리를 터득하고 바로 암기될 수 있는 연상기억 학습법을 도입한 특별한 교재로 편집하였습니다.

7 10개의 한자어를 학습한 후 반복 학습을 통해 자신도 모르는 사이에 저절로 외워질 수 있도록 교과서 한자어를 어린이를 위한 훈민정음으로 편집하였습니다.

8 논술의 기본이 글씨체임을 생각하여 한자어마다 바르고 예쁜 경필 쓰기 칸을 두어 글씨본의 기능도 첨가하였습니다.

교과서 한자어 학습법

한자 공부뿐만 아니라 모든 학습의 기본은 반복 학습이 최고입니다. 특히 인간은 태어나면서부터 반복하는 생활 방식을 익혀야 하는 특징을 지녔습니다.

바로 이 『초등교과서 한자어 [6학년]』 학습서는 각 페이지를 차근차근 넘겨 가면서 반복 학습하다 보면 자신도 모르게 한자 낱말이 저절로 익혀지는 특수 학습법으로 구성되었습니다.

첫째, 각 단원에서 배울 한자어 가사를 4분의 4박자 동요 곡에 붙여 노래 불러봅니다.

둘째, 10개의 한자어 한글 가사를 여러분이 알고 있는 4분의 4박자 동요 곡에 붙여 노래를 불러봅니다. 예) 금강산, 봄비, 뻐꾸기, 초록바다, 썰매, 한글날 노래 등

셋째, 이번에는 한글 가사 부분을 안 보이게 다른 종이로 가리고서 그 아래에 있는 한글과 한자로 섞어 쓴 가사를 다시 잘 보면서 노래를 불러봅니다.

넷째, 한자어를 구성하고 있는 한자의 훈[訓 : 새김]과 음[音 : 한자의 음]을 큰 소리로 여러 차례 읽어봅니다.

다섯째, 학습할 한자어의 [암기비법] 풀이를 큰 소리로 여러 차례 읽어봅니다.

여섯째, 학습할 한자어의 [사전풀이]를 큰 소리로 여러 차례 읽어봅니다.

일곱째, 한자어가 사용된 예문을 읽고서 한자어의 독음을 예쁘게 써봅니다.

여덟째, 한자어가 쓰인 문장을 읽고서 한자어를 예쁘게 경필 글씨를 써봅니다.

아홉째, 한자어 10개를 익힐 때마다 「다시 한번 해 봐요..」쪽에서 1번부터 5번까지 차근차근 따라서 배운 실력을 스스로 확인해 봅니다.

열째, 「초등교과서 한자어 평가 문제」를 스스로 풀어보고 해답을 보면서 자신의 교과서 한자 어휘 실력을 점검해 봅니다.

목 차

Ⅰ. 국어

Ⅱ. 수학

Ⅴ. 사회

Ⅵ. 부록

국어

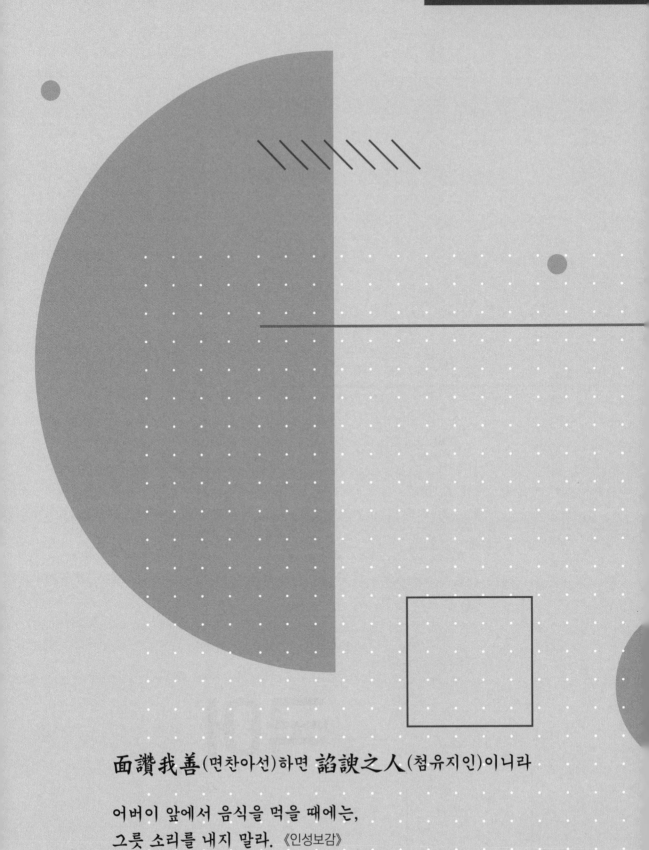

面讚我善(면찬아선)하면 諂諛之人(첨유지인)이니라

어버이 앞에서 음식을 먹을 때에는,
그릇 소리를 내지 말라. 《인성보감》

感動 * 感謝 * 距離 * 健康 * 揭示板
境遇 * 經驗 * 繼續 * 考慮 * 穀食

📍 한글로 된 가사를 노래로 부르면 한자어의 뜻이 쉽게 이해돼요.

느낄감에	움직일동	맘움직인	감동이고
느낄감에	사례할사	고마워서	감사이며
떨어질거	때놓을리	떨어진길	거리이고
굳셀건에	편안할강	튼튼하다	건강이며
들게하여	보일시에	널빤지판	게시판은
지경경에	만날우는	형편사정	경우이며
지낼경에	시험할험	몸소겪음	경험이고
이을계에	이을속은	이어나감	계속이며
생각할고	생각할려	헤아리는	고려이고
곡식곡에	먹을식은	쌀보리콩	곡식이다

📍 이제는 한자로 쓰인 한자어 가사도 쉽게 읽을 수 있어요~~^^

느낄感에	움직일動	맘움직인	感動이고
느낄感에	謝禮할謝	고마워서	感謝이며
떨어질距	때놓을離	떨어진길	距離이고
굳셀健에	便安할康	튼튼하다	健康이며
들揭하여	보일示에	널빤지板	揭示板은
地境境에	만날遇는	形便事情	境遇이며
지낼經에	시험할驗	몸소겪음	經驗이고
이을繼에	이을續은	이어나감	繼續이며
생각할考	생각할慮	헤아리는	考慮이고
穀食穀에	먹을食은	쌀보리콩	穀食이다

感 動　감동

感　느낄　감　+　動　움직일　동　=　感動

크게 느껴[感] 마음이 움직이는[動] 것이 感動이다.

크게 느끼어 마음이 움직임.

❀ 다음 빈칸에 한자어의 독음과 한자의 훈음을 예쁘게 써 보세요.

感動　　　　/　感　　　+　動

독음
연습　感動은 주로 가슴에서 나온다.

感	動	感	動					

感 謝　감사

感　느낄　감　+　謝　사례할　사　=　感謝

느끼어서[感] 사례하는[謝] 것이 感謝이다.

고마움을 나타내는 인사.

❀ 다음 빈칸에 한자어의 독음과 한자의 훈음을 예쁘게 써 보세요.

感謝　　　　感　　　謝

독음
연습　스승의 날을 맞아 3학년 때 담임선생님께 感謝의 편지를 썼다.

感	謝	感	謝					

距 離　거리

距 떨어질 **거** + 離 떼놓을 **리** = 距離

떨어지고[距] 떼어진[離] 길이가 距離이다.

두 개의 물건이나 장소 따위가 공간적으로 떨어진 길이.

❀ 다음 빈칸에 한자어의 독음과 한자의 훈음을 예쁘게 써 보세요.

距離 [　　] / 距 [　　] + 離 [　　]

시청에서 박물관까지의 距離는 약 1.5킬로미터이다.

距	離	距	離				

健 康　건강

健 굳셀 **건** + 康 편안할 **강** = 健康

굳세고[健] 편안한[康] 것이 健康이다.

정신적으로나 육체적으로 아무 탈이 없고 튼튼함.

❀ 다음 빈칸에 한자어의 독음과 한자의 훈음을 예쁘게 써 보세요.

健康 [　　] / 健 [　　] + 康 [　　]

健康을 위해서 음식을 골고루 먹어야 한다.

健	康	健	康				

揭示板 게시판

揭 들 게 + 示 보일 시 + 板 널빤지 판 = 揭示板

들어[揭] 보이도록[示] 붙이는 널빤지[板]가 揭示板이다.

여러 사람에게 알릴 내용을 내붙이거나 내걸어 두루 보게 붙이는 판.

❀ 다음 빈칸에 한자어의 독음과 한자의 훈음을 예쁘게 써 보세요.

揭示板 [　　　] / 揭 [　　　] + 示 [　　　] + 板 [　　　]

각 학년 회장단 명단이 본관 揭示板에 나붙어 있었다.

揭	示	板	揭	示	板				

境 遇 경우

境 지경 경 + 遇 만날 우 = 境遇

지경[境]에서 만나는[遇] 것이 境遇이다.

어떤 조건 아래에 놓인 그때의 상황이나 형편.

❀ 다음 빈칸에 한자어의 독음과 한자의 훈음을 예쁘게 써 보세요.

境遇 [　　　] / 境 [　　　] + 遇 [　　　]

살다보면 이런 境遇도 있고 저런 境遇도 있다.

境	遇	境	遇				

經 驗 경험

經 지낼 **경** + 驗 시험할 **험** = 經驗

지내보고[經] 시험해보는[驗] 것이 經驗이다.

자신이 실제로 해 보거나 겪어 봄.

❀ 다음 빈칸에 한자어의 독음과 한자의 훈음을 예쁘게 써 보세요.

經驗		/	經		+	驗	

언어 습득도 經驗을 통해 이루어지는 경우가 많다.

經	驗	經	驗					

繼 續 계속

繼 이을 **계** + 續 이을 **속** = 繼續

이어지고[繼] 이어지는[續] 것이 繼續이다.

끊이지 않고 이어 나감.

❀ 다음 빈칸에 한자어의 독음과 한자의 훈음을 예쁘게 써 보세요.

繼續		/	繼		+	續	

비가 한 시간 전부터 繼續해서 내리고 있다.

繼	續	繼	續					

考 慮 고려

考 생각할 고 + 慮 생각할 려 = 考慮

생각하고[考] 헤아려[慮] 보는 것이 考慮이다.

어떤 대상에 대하여 생각하고 헤아려 봄.

❀ 다음 빈칸에 한자어의 독음과 한자의 훈음을 예쁘게 써 보세요.

考慮 [　　] / 考 [　　] + 慮 [　　]

그 문제는 아직 考慮 중이다.

考	慮	考	慮				

穀 食 곡식

穀 곡식 곡 + 食 밥 식 = 穀食

[考] 헤아려[慮] 보는 것이 考慮이다.

사람의 식량이 되는 쌀·보리·콩·조·수수 따위의 총칭.

❀ 다음 빈칸에 한자어의 독음과 한자의 훈음을 예쁘게 써 보세요.

穀食 [　　] / 穀 [　　] + 食 [　　]

들판에서는 穀食이 한창 익어가고 있었다.

穀	食	穀	食				

1. 다음 □□안에 알맞은 한자어를 <보기>에서 찾아 써 보세요.

보기	距離 境遇 穀食 感動 揭示板 感謝 考慮 繼續 健康 經驗

느 낄 감 에	움 직 일 동	맘 움 직 인		이 고
느 낄 감 에	사 례 할 사	고 마 워 서		이 며
떨 어 질 거	떼 놓 을 리	떨 어 진 길		이 고
군 셀 건 에	편 안 할 강	튼 튼 하 다		이 며
들 게 하 여	보 일 시 에	널 빤 지 판		은
지 경 경 에	만 날 우 는	형 편 사 정		이 며
지 낼 경 에	시 험 할 험	몸 소 겪 음		이 고
이 을 계 에	이 을 속 은	이 어 나 감		이 며
생 각 할 고	생 각 할 려	헤 아 리 는		이 고
곡 식 곡 에	먹 을 식 은	쌀 보 리 콩		이 다

2. 다음 한자어의 뜻을 써 보세요.

① 感動

② 感謝

③ 距離

④ 健康

⑤ 揭示板

⑥ 境遇

⑦ 經驗

⑧ 繼續

⑨ 考慮

⑩ 穀食

3. 다음 한자어의 독음을 쓰고, 한자를 예쁘게 써 보세요.

			한자 쓰기		
①	感動		感 動 感 動		
②	感謝		感 謝 感 謝		
③	距離		距 離 距 離		
④	健康		健 康 健 康		
⑤	揭示板		揭 示 板 揭 示 板		
⑥	境遇		境 遇 境 遇		
⑦	經驗		經 驗 經 驗		
⑧	繼續		繼 續 繼 續		
⑨	考慮		考 慮 考 慮		
⑩	穀食		穀 食 穀 食		

4. 다음 한자어에 독음과 알맞은 뜻을 바르게 연결하세요.

① 穀食 • • 경험 • • 사람의 식량이 되는 쌀·보리·콩·조·수수 따위의 총칭.

② 經驗 • • 곡식 • • 자신이 실제로 해 보거나 겪어 봄.

③ 考慮 • • 감사 • • 어떤 대상에 대하여 생각하고 헤아려 봄.

④ 感動 • • 감동 • • 고마움을 나타내는 인사.

⑤ 感謝 • • 고려 • • 크게 느끼어 마음이 움직임.

📍 한글로 된 가사를 노래로 부르면 한자어의 뜻이 쉽게 이해돼요.

빌 공 하 고	사 이 간 은	텅 빈 사 이	공 간 이 고
공 평 할 공	펼 연 하 니	재 능 펼 친	공 연 이 며
지 날 과 에	길 정 하 니	일 의 경 로	과 정 이 고
관 계 할 관	잇 달 련 은	서 로 얽 힌	관 련 이 며
넓 을 광 에	알 릴 고 는	널 리 알 림	광 고 이 고
가 르 칠 교	과 목 과 에	글 서 하 여	교 과 서 며
가 르 칠 교	집 실 이 면	수 업 하 는	교 실 이 고
지 경 구 에	나 눌 분 은	지 경 나 눔	구 분 이 며
나 라 극 에	말 씀 어 는	나 랏 말 씀	국 어 이 고
권 세 권 에	이 로 울 리	권 세 이 익	권 리 이 다

📍 이제는 한자로 쓰인 한자어 가사도 쉽게 읽을 수 있어요~~^^

빌 空 하 고	사 이 間 은	텅 빈 사 이	空 間 이 고
公 平 할 公	펼 演 하 니	才 能 펼 친	公 演 이 며
지 날 過 에	길 程 하 니	일 의 經 路	過 程 이 고
關 係 할 關	잇 달 聯 은	서 로 얽 힌	關 聯 이 며
넓 을 廣 에	알 릴 告 는	널 리 알 림	廣 告 이 고
가 르 칠 敎	科 目 科 에	글 書 하 여	敎 科 書 며
가 르 칠 敎	집 室 이 면	受 業 하 는	敎 室 이 고
地 境 區 에	나 눌 分 은	地 境 나 눔	區 分 이 며
나 라 國 에	말 씀 語 는	나 랏 말 씀	國 語 이 고
權 勢 權 에	이 로 울 利	權 勢 利 益	權 利 이 다

空 間　공간

空 빌 공 ＋ 間 사이 간 ＝ 空間

(받쳐풀이) 비어[空] 있는 사이[間]가 空間이다.

(사전풀이) 아무것도 없는 빈 곳.

❀ 다음 빈칸에 한자어의 독음과 한자의 훈음을 예쁘게 써 보세요.

空間 [　] / 空 [　] ＋ 間 [　]

(독음연습) 내 방의 가구를 재배치하니 空間이 조금 더 넓어진 것 같다.

空	間	空	間					

公 演　공연

公 공변될 공 ＋ 演 멀리 흐를 연 ＝ 公演

(받쳐풀이) 공개적[公]으로 하는 연극[演]이 公演이다.

(사전풀이) 음악·무용·연극 따위를 공개된 자리에서 보이는 일.

❀ 다음 빈칸에 한자어의 독음과 한자의 훈음을 예쁘게 써 보세요.

公演 [　] / 公 [　] ＋ 演 [　]

(독음연습) 드디어 公演이 시작되었다.

公	演	公	演					

過 程　과정

| 過 | 지날 **과** | + | 程 | 단위 **정** | = | 過程 |

지나온[過] 길[程]이 過程이다.

일이나 상태가 진행하는 경로.

❀ 다음 빈칸에 한자어의 독음과 한자의 훈음을 예쁘게 써 보세요.

| 過程 | | / | 過 | | + | 程 | |

지금 過程이 어디까지 진행되었는지 궁금하다.

| 過 | 程 | 過 | 程 | | | | | |

關 聯　관련

| 關 | 빗장 **관** | + | 聯 | 연이을 **련** | = | 關聯 |

빗장[關]처럼 연이어진[聯] 것이 關聯이다.

둘 이상의 사람, 사물, 현상 따위가 서로 관계를 맺어 매여 있음.

❀ 다음 빈칸에 한자어의 독음과 한자의 훈음을 예쁘게 써 보세요.

| 關聯 | | / | 關 | | + | 聯 | |

나는 동시와 關聯한 책을 3권 구입하였다.

| 關 | 聯 | 關 | 聯 | | | | | |

廣告 광고

廣 넓을 광 + 告 알릴 고 = 廣告

널리[廣] 알리는[告] 것이 廣告이다.

세상에 널리 알림.

✿ 다음 빈칸에 한자어의 독음과 한자의 훈음을 예쁘게 써 보세요.

廣告 [　] / 廣 [　] + 告 [　]

요즘은 허위 廣告가 하도 심해서 물건 사는 게 두렵다.

廣	告	廣	告					

教科書 교과서

教 가르침 교 + 科 과정 과 + 書 글 서 = 教科書

가르치기[教] 위한 과정[科]에 따른 책[書]이 教科書이다.

학교에서 교과 과정에 따라 주 교재로 사용하기 위하여 편찬한 책.

✿ 다음 빈칸에 한자어의 독음과 한자의 훈음을 예쁘게 써 보세요.

教科書 [　] / 教 [　] + 科 [　] + 書 [　]

책가방을 열어 보니 教科書와 참고서가 가득 들어 있었다.

教	科	書	教	科	書			

教 室　교실

教 가르칠 교 + 室 집 실 = 教室

가르침을[教] 받는 방[室]이 教室이다.

유치원, 초등학교, 중·고등학교에서 학습 활동이 이루어지는 방.

❀ 다음 빈칸에 한자어의 독음과 한자의 훈음을 예쁘게 써 보세요.

| 教室 | | / | 教 | | + | 室 | |

수업 시간 종치기 전에 어서 教室로 들어가자.

| 教 | 室 | 教 | 室 | | | | |

區 分　구분

區 지경 구 + 分 나눌 분 = 區分

지경[區]에 의해 나누는[分] 것이 區分이다.

일정한 기준에 따라 전체를 몇 개로 갈라 나눔.

❀ 다음 빈칸에 한자어의 독음과 한자의 훈음을 예쁘게 써 보세요.

| 區分 | | / | 區 | | + | 分 | |

서정시와 서사시의 區分은 상대적일 뿐이다.

| 區 | 分 | 區 | 分 | | | | |

國 語 국어

國 나라 국 + 語 말씀 어 = 國語

나랏[國] 말씀[語]이 國語이다.

한 나라의 국민이 쓰는 말.

✿ 다음 빈칸에 한자어의 독음과 한자의 훈음을 예쁘게 써 보세요.

國語 [ ] / 國 [ ] + 語 [ ]

독음연습 나는 國語책 만이라도 한자로 병기해야 한다고 생각한다.

國	語	國	語				

權 利 권리

權 권세 권 + 利 이로울 리 = 權利

권력[權]과 이익[利]이 權利이다.

특정의 이익을 주장하거나 누리기 위해 그의 의사를 관철할 수 있는 법률상의 능력.

✿ 다음 빈칸에 한자어의 독음과 한자의 훈음을 예쁘게 써 보세요.

權利 [ ] / 權 [ ] + 利 [ ]

독음연습 우리는 사회의 모든 영역에서 차별받지 않을 權利를 가지고 있다.

權	利	權	利				

다시 한번 해 봐요 01

1. 다음 ☐☐안에 알맞은 한자어를 <보기>에서 찾아 써 보세요.

복기	權利 教室 教科書 過程 公演 國語 區分 廣告 關聯 空間

빌 공 하 고	사 이 간 은	텅 빈 사 이		이 고
공 평 할 공	펼 연 하 니	재 능 펼 친		이 며
지 날 과 에	길 정 하 니	일 의 경 로		이 고
관 계 할 관	잇 달 련 은	서 로 얽 힌		이 며
넓 을 광 에	알 릴 고 는	널 리 알 림		이 고
가 르 칠 교	과 목 과 에	글 서 하 여		며
가 르 칠 교	집 실 이 면	수 업 하 는		이 고
지 경 구 에	나 눌 분 은	지 경 나 눔		이 며
나 라 국 에	말 씀 어 는	나 랏 말 씀		이 고
권 세 권 에	이 로 울 리	권 세 이 익		이 다

2. 다음 한자어의 뜻을 써 보세요.

① 空間 ___

② 公演 ___

③ 過程 ___

④ 關聯 ___

⑤ 廣告 ___

⑥ 教科書 ___

⑦ 教室 ___

⑧ 區分 ___

⑨ 國語 ___

⑩ 權利 ___

3. 다음 한자어의 독음을 쓰고, 한자를 예쁘게 써 보세요.

①	空間		空	間	空	閒		
②	公演		公	演	公	演		
③	過程		過	程	過	程		
④	關聯		關	聯	關	聯		
⑤	廣告		廣	告	廣	告		
⑥	教科書		教	科	書	教	科	書
⑦	教室		教	室	教	室		
⑧	區分		區	分	區	分		
⑨	國語		國	語	國	語		
⑩	權利		權	利	權	利		

4. 다음 한자어에 독음과 알맞은 뜻을 바르게 연결하세요.

① 過程 · · 관련 · · 둘 이상의 사람, 사물, 현상 따위가 서로 관계를 맺어 매여 있음.

② 權利 · · 권리 · · 일이나 상태가 진행하는 경로.

③ 關聯 · · 과정 · · 특정의 이익을 주장하거나 누리기 위해 그의 의사를 관철할 수 있는 법률상의 능력.

④ 廣告 · · 공연 · · 세상에 널리 알림.

⑤ 公演 · · 광고 · · 음악·무용·연극 따위를 공개된 자리에서 보이는 일.

根據 * 基本 * 氣分 * 技術 * 記憶
基準 * 內容 * 農事 * 單元 * 對答

한글로 된 가사를 노래로 부르면 한자어의 뜻이 쉽게 이해돼요.

뿌 리 근 에	의 거 할 거	의 견 근 본	근 거 이 고
터 기 에 다	근 본 본 은	터 의 근 본	기 본 이 며
기 운 기 에	나 눌 분 은	유 쾌 불 쾌	기 분 이 고
재 주 기 에	꾀 슬 하 니	재 주 와 꾀	기 슬 이 며
적 을 기 에	생 각 할 억	간 직 생 각	기 억 이 고
터 기 에 다	수 준 기 준	기 본 표 준	기 준 이 며
안 내 에 다	담 을 용 은	안 에 담 긴	내 용 이 고
농 사 농 에	일 사 하 면	농 촌 의 일	농 사 이 며
홑 단 에 다	으 뜸 원 은	학 습 단 위	단 원 이 고
대 할 대 에	대 답 할 답	물 음 에 답	대 답 이 다

이제는 한자로 쓰인 한자어 가사도 쉽게 읽을 수 있어요~~^^

뿌 리 根 에	依 據 할 據	意 見 根 本	根 據 이 고
터 基 에 다	根 本 本 은	터 의 根 本	基 本 이 며
氣 運 氣 에	나 눌 分 은	愉 快 不 快	氣 分 이 고
재 주 技 에	꾀 術 하 니	재 주 와 꾀	技 術 이 며
적 을 記 에	생 각 할 憶	간 직 생 각	記 憶 이 고
터 基 에 다	水 準 기 準	基 本 標 準	基 準 이 며
안 內 에 다	담 을 容 은	안 에 담 긴	內 容 이 고
農 事 農 에	일 事 하 면	農 村 의 일	農 事 이 며
홑 單 에 다	으 뜸 元 은	學 習 單 位	單 元 이 고
對 할 對 에	對 答 할 答	물 음 에 答	對 答 이 다

根 據 근거

根 뿌리 근 + 據 의거할 거 = 根據

뿌리에[根] 의거하는[據] 것이 根據이다.

어떤 일이나 의논, 의견에 그 근본이 됨.

❀ 다음 빈칸에 한자어의 독음과 한자의 훈음을 예쁘게 써 보세요.

根據 [　] / 根 [　] + 據 [　]

신라 때, 장보고는 완도를 根據로 하여 해적을 소탕하였다.

根	據	根	據					

基 本 기본

基 터 기 + 本 근본 본 = 基本

근본[本]의 터[基]가 되는 것이 基本이다.

사물이나 현상, 이론, 시설 따위를 이루는 바탕.

❀ 다음 빈칸에 한자어의 독음과 한자의 훈음을 예쁘게 써 보세요.

基本 [　] / 基 [　] + 本 [　]

무슨 일을 하든지 基本이 충실해야 발전할 수 있다.

基	本	基	本					

氣 分　기분

氣 기운 기 + 分 나눌 분 = 氣分

기운[氣]이 나눠지는[分] 느낌이 氣分이다.

마음에 저절로 느껴지는 유쾌함이나 불쾌함 따위의 감정.

❀ 다음 빈칸에 한자어의 독음과 한자의 훈음을 예쁘게 써 보세요.

氣分 [　] / 氣 [　] + 分 [　]

새벽 산책을 하다 보면 자연스럽게 氣分이 좋아진다.

氣	分	氣	分				

技 術　기술

技 재주 기 + 術 꾀 술 = 技術

재주[技]와 꾀[術]가 技術이다.

사물을 잘 다룰 수 있는 방법이나 능력.

❀ 다음 빈칸에 한자어의 독음과 한자의 훈음을 예쁘게 써 보세요.

技術 [　] / 技 [　] + 術 [　]

그는 技術을 배워 자립해 보겠다는 의지가 대단한 친구다.

技	術	技	術				

記 憶　기억

記　적을 기 ＋ 憶 생각할 억 ＝ 記憶

암기비법 적어[記] 놓듯이 새겨 두었던 것을 생각해[憶] 내는 것이 記憶이다.

사전풀이 머릿속에 새겨 두어 보존되거나 되살려 생각해 냄.

❀ 다음 빈칸에 한자어의 독음과 한자의 훈음을 예쁘게 써 보세요.

| 記憶 | | / | 記 | | ＋ | 憶 | |

독음연습 철수는 記憶力이 너무 좋아 컴퓨터라는 별명으로 불린다.

記	憶	記	憶						

基 準　기준

基　터 기 ＋ 準 수준기 준 ＝ 基準

암기비법 기본[基]이 되는 표준[準]이 基準이다.

사전풀이 기본이 되는 표준.

❀ 다음 빈칸에 한자어의 독음과 한자의 훈음을 예쁘게 써 보세요.

| 基準 | | / | 基 | | ＋ | 準 | |

독음연습 나는 하루 학습량의 基準을 정하고 실천하기로 했다.

基	準	基	準						

內 容 내용

內 안 내 + 容 담을 용 = 內容

안[內]에 담는[容] 것이 內容이다.

말, 글, 그림, 연출 따위의 모든 표현 매체 속에 들어있는 것.

❀ 다음 빈칸에 한자어의 독음과 한자의 훈음을 예쁘게 써 보세요.

| 內容 | | / | 內 | | + | 容 | |

이 책은 內容이 너무 어려워서 이해하기가 힘들다.

| 內 | 容 | 內 | 容 | | | | | |

農 事 농사

農 농사 농 + 事 일 사 = 農事

농사[農]의 일[事]이 農事이다.

농작물 재배 과정을 통틀어 이르는 말.

❀ 다음 빈칸에 한자어의 독음과 한자의 훈음을 예쁘게 써 보세요.

| 農事 | | / | 農 | | + | 事 | |

고모부는 과수 農事를 엄청 많이 지으신다.

| 農 | 事 | 農 | 事 | | | | |

單 元 단원

| 單 | 홀 단 | + | 元 | 으뜸 원 | = | 單元 |

홀로[單] 으뜸[元]된 내용이 單元이다.

어떤 주제나 내용을 중심으로 묶은 학습 단위.

❀ 다음 빈칸에 한자어의 독음과 한자의 훈음을 예쁘게 써 보세요.

| 單元 | | / | 單 | | + | 元 | |

한 單元을 마칠 때 마다 시험을 치른다.

| 單 | 元 | 單 | 元 | | | | | | |

對 答 대답

| 對 | 대할 대 | + | 答 | 대답 답 | = | 對答 |

대하여[對] 답하는[答] 것이 對答이다.

부르는 말에 응하여 어떤 말을 함. 또는 그 말.

❀ 다음 빈칸에 한자어의 독음과 한자의 훈음을 예쁘게 써 보세요.

| 對答 | | / | 對 | | + | 答 | |

언제나 對答할 때에는 신중하게 응해야 한다.

| 對 | 答 | 對 | 答 | | | | | | |

▶ ▶ ▶

1. 다음 ☐☐안에 알맞은 한자어를 <보기>에서 찾아 써 보세요.

보기
單元 農事 記憶 技術 根據 對答 內容 基準 氣分 基本

뿌 리 근 에	의 거 할 거	의 견 근 본		이 고
터 기 에 다	근 본 본 은	터 의 근 본		이 며
기 운 기 에	나 눌 분 은	유 쾌 불 쾌		이 고
재 주 기 에	꾀 술 하 니	재 주 와 꾀		이 며
적 을 기 에	생 각 할 억	간 직 생 각		이 고
터 기 에 다	수 준 기 준	기 본 표 준		이 며
안 내 에 다	담 을 용 은	안 에 담 긴		이 고
농 사 농 에	일 사 하 면	농 촌 의 일		이 며
홑 단 에 다	으 뜸 원 은	학 습 단 위		이 고
대 할 대 에	대 답 할 답	물 음 에 답		이 다

2. 다음 한자어의 뜻을 써 보세요.

① 根據

② 基本

③ 氣分

④ 技術

⑤ 記憶

⑥ 基準

⑦ 內容

⑧ 農事

⑨ 單元

⑩ 對答

3. 다음 한자어의 독음을 쓰고, 한자를 예쁘게 써 보세요.

	한자어	독음	한자 쓰기					
①	根據		根	據	根	據		
②	基本		基	本	基	本		
③	氣分		氣	分	氣	分		
④	技術		技	術	技	術		
⑤	記憶		記	憶	記	憶		
⑥	基準		基	準	基	準		
⑦	內容		內	容	內	容		
⑧	農事		農	事	農	事		
⑨	單元		單	元	單	元		
⑩	對答		對	答	對	答		

4. 다음 한자어에 독음과 알맞은 뜻을 바르게 연결하세요.

① 根據 •   • 대답 •   • 농작물 재배 과정을 통틀어 이르는 말.

② 記憶 •   • 농사 •   • 부르는 말에 응하여 어떤 말을 함.

③ 基準 •   • 근거 •   • 어떤 일이나 의논, 의견에 그 근본이 됨.

④ 農事 •   • 기억 •   • 기본이 되는 표준.

⑤ 對答 •   • 기준 •   • 머릿속에 새겨 두어 보존되거나 되살려 생각해 냄.

對象 * 代身 * 逃亡 * 圖書館 * 都市
獨島 * 讀書 * 母音 * 目標 * 文具

📍 한글로 된 가사를 노래로 부르면 한자어의 뜻이 쉽게 이해돼요.

대 할 대 에	코 끼 리 상	어 떤 상 대	대 상 이 고
대 신 할 대	몸 신 이 면	남 의 대 리	대 신 이 며
달 아 날 도	망 할 망 은	달 아 나 는	도 망 이 고
그 림 도 에	글 서 집 관	많 은 도 서	도 서 관 은
도 읍 도 에	저 자 시 는	사 람 많 은	도 시 이 고
홀 로 독 에	섬 도 이 면	홀 로 섬 이	독 도 이 며
읽 을 독 에	글 서 하 면	글 을 읽 는	독 서 이 고
어 머 니 모	소 리 음 은	홀 소 리 니	모 음 이 며
눈 목 에 다	우 듬 지 표	어 떤 목 적	목 표 이 고
글 월 문 에	갖 출 구 는	배 움 도 구	문 구 이 다

📍 이제는 한자로 쓰인 한자어 가사도 쉽게 읽을 수 있어요~~^^

대 할 對 에	코 끼 리 象	어 떤 相 對	對 象 이 고
代 身 할 代	몸 身 이 면	남 의 代 理	代 身 이 며
달 아 날 逃	亡 할 亡 은	달 아 나 는	逃 亡 이 고
그 림 圖 에	글 書 집 館	많 은 圖 書	圖 書 館 은
都 邑 都 에	저 자 市 는	사 람 많 은	都 市 이 고
홀 로 獨 에	섬 島 이 면	홀 로 섬 이	獨 島 이 며
읽 을 讀 에	글 書 하 면	글 을 읽 는	讀 書 이 고
어 머 니 母	소 리 音 은	홀 소 리 니	母 音 이 며
눈 目 에 다	우 듬 지 標	어 떤 目 的	目 標 이 고
글 월 文 에	갖 출 具 는	배 움 道 具	文 具 이 다

對 象 대상

對 대할 대 + 象 코끼리 상 = 對象

서로 대하여[對] 있는 상대[象]가 對象이다.

어떤 일의 상대 또는 목표나 목적이 되는 것.

❀ 다음 빈칸에 한자어의 독음과 한자의 훈음을 예쁘게 써 보세요.

對象 [   ] / 對 [   ] + 象 [   ]

독음
연습 그는 점점 관심의 對象에서 멀어져 가고 있었다.

對	象	對	象				

代 身 대신

代 대신할 대 + 身 몸 신 = 代身

남을 대리[代]하여 몸소[身]하는 것이 代身이다.

남의 구실이나 책임을 떠맡음.

❀ 다음 빈칸에 한자어의 독음과 한자의 훈음을 예쁘게 써 보세요.

代身 [   ] / 代 [   ] + 身 [   ]

독음
연습 나는 아침마다 밥 代身 빵을 먹는다.

代	身	代	身				

逃亡 도망

逃 달아날 도 + 亡 망할 망 = 逃亡

달아나[逃] 숨는[亡] 것이 逃亡이다.

피하거나 쫓기어 달아남.

❀ 다음 빈칸에 한자어의 독음과 한자의 훈음을 예쁘게 써 보세요.

| 逃亡 | | / | 逃 | | + | 亡 | |

메뚜기들은 내가 한 발자국 다가갈 때마다 逃亡을 갔다.

| 逃 | 亡 | 逃 | 亡 | | | | |

圖書館 도서관

圖 그림 도 + 書 글 서 + 館 집 관 = 圖書館

많은 도서[圖書]를 볼 수 있는 집[館]이 圖書館이다.

많은 도서를 모아 두고 일반 사람이 볼 수 있게 만든 시설.

❀ 다음 빈칸에 한자어의 독음과 한자의 훈음을 예쁘게 써 보세요.

| 圖書館 | | / | 圖 | | + | 書 | | + | 館 | |

나는 학교 圖書館에서 아동문학 책 한 군을 빌렸다.

| 圖 | 書 | 館 | 圖 | 書 | 館 | | |

都 市　도시

都 도읍 도 + 市 저자 시 = 都市

저자[市]가 있는 도읍[都]이 都市이다.

많은 인구가 모여 살며 일정 지역의 정치, 경제, 문화의 중심이 되는 곳.

❀ 다음 빈칸에 한자어의 독음과 한자의 훈음을 예쁘게 써 보세요.

都市 [　] / 都 [　] + 市 [　]

여름휴가로 시민들이 都市를 빠져나간 탓인지 시내가 한가하다.

都	市	都	市					

獨 島　독도

獨 홀로 독 + 島 섬 도 = 獨島

동해마다 홀로[獨] 섬[島]이 獨島이다.

경상북도 울릉도의 남동쪽 50마일 해상에 있는 화산섬.

❀ 다음 빈칸에 한자어의 독음과 한자의 훈음을 예쁘게 써 보세요.

獨島 [　] / 獨 [　] + 島 [　]

獨島는 엄연히 대한민국 소유의 영토이다.

獨	島	獨	島					

讀 書 독서

讀 읽을 독 + 書 글 서 = 讀書

(방겨 뇌함) 책[書]을 읽는[讀] 것이 讀書이다.

(사전 풀이) 책을 읽음.

❀ 다음 빈칸에 한자어의 독음과 한자의 훈음을 예쁘게 써 보세요.

讀書 [   ] / 讀 [   ] + 書 [   ]

(독음 연습) 讀書는 마음의 양식이고 인격 수양의 방편이다.

讀	書	讀	書				

母 音 모음

母 어머니 모 + 音 소리 음 = 母音

(방겨 뇌함) 자음을 감싸는 어머니[母] 같은 소리[音]가 母音이다.

(사전 풀이) 성대의 진동을 받은 소리가 입술·코·목구멍의 장애에 의한 마찰을 받지 않고 나는 소리.

❀ 다음 빈칸에 한자어의 독음과 한자의 훈음을 예쁘게 써 보세요.

母音 [   ] / 母 [   ] + 音 [   ]

(독음 연습) ㅏ,ㅑ,ㅓ,ㅕ,ㅗ,ㅛ,ㅜ,ㅠ,ㅡ,ㅣ 따위가 母音이라고 배웠다.

母	音	母	音				

目 標 목표

目 눈 목 + 標 우듬지 표 = 目標

목적[目]한 바를 표시[標]해 놓은 것이 目標이다.

어떤 목적을 이루려고 지향하는 실제적 대상으로 삼음.

❀ 다음 빈칸에 한자어의 독음과 한자의 훈음을 예쁘게 써 보세요.

| 目標 | | / | 目 | | + | 標 | |

나의 目標는 훌륭한 의사가 되는 것이다.

| 目 | 標 | 目 | 標 | | | | | | |

文 具 문구

文 글월 문 + 具 갖출 구 = 文具

글월[文] 배울 때 갖춰야[具] 할 것이 文具이다.

학용품과 사무용품 따위를 통틀어 이르는 말.

❀ 다음 빈칸에 한자어의 독음과 한자의 훈음을 예쁘게 써 보세요.

| 文具 | | / | 文 | | + | 具 | |

그는 학교 앞에서 文具 소매점을 운영한다.

| 文 | 具 | 文 | 具 | | | | | | |

1. 다음 ☐☐안에 알맞은 한자어를 <보기>에서 찾아 써 보세요.

보기

文具 讀書 獨島 逃亡 代身 對象 圖書館 都市 母音 目標

대 할 대 에	코 끼 리 상	어 떤 상 대			이 고
대 신 할 대	몸 신 이 면	남 의 대 리			이 며
달 아 날 도	망 할 망 은	달 아 나 는			이 고
그 림 도 에	글 서 집 관	많 은 도 서			은
도 읍 도 에	저 자 시 는	사 람 많 은			이 고
홀 로 독 에	섬 도 이 면	홀 로 섬 이			이 며
읽 을 독 에	글 서 하 면	글 을 읽 는			이 고
어 머 니 모	소 리 음 은	홀 소 리 니			이 며
눈 목 에 다	우 듬 지 표	어 떤 목 적			이 고
글 월 문 에	갖 출 구 는	배 움 도 구			이 다

2. 다음 한자어의 뜻을 써 보세요.

① 對象

② 代身

③ 逃亡

④ 圖書館

⑤ 都市

⑥ 獨島

⑦ 讀書

⑧ 母音

⑨ 目標

⑩ 文具

3. 다음 한자어의 독음을 쓰고, 한자를 예쁘게 써 보세요.

①	對象		對 象 對 象					
②	代身		代 身 代 身					
③	逃亡		逃 亡 逃 亡					
④	圖書館		圖 書 館 圖 書 館					
⑤	都市		都 市 都 市					
⑥	獨島		獨 島 獨 島					
⑦	讀書		讀 書 讀 書					
⑧	母音		母 音 母 音					
⑨	目標		目 標 目 標					
⑩	文具		文 具 文 具					

4. 다음 한자어에 독음과 알맞은 뜻을 바르게 연결하세요.

① 獨島 • • 독도 • • 책을 읽음.

② 讀書 • • 독서 • • 경상북도 울릉도의 남동쪽 50마일 해상에 있는 화산섬.

③ 目標 • • 도망 • • 어떤 일의 상대 또는 목표나 목적이 되는 것.

④ 對象 • • 대상 • • 피하거나 쫓기어 달아남.

⑤ 逃亡 • • 목표 • • 어떤 목적을 이루려고 지향하는 실제적 대상으로 삼음.

📍 한글로 된 가사를 노래로 부르면 한자어의 뜻이 쉽게 이해돼요.

글 월 문 에	구 분 단 은	뮤 는 단 위	문 단 이 고
글 월 문 에	글 장 이 면	말 글 표 현	문 장 이 며
물 건 물 에	물 건 건 은	형 체 갖 춘	물 건 이 고
아 닐 미 에	올 래 하 면	앞 날 의 뜻	미 래 이 며
넓 을 박 과	물 건 물 이	집 관 이 니	박 물 관 을
되 돌 릴 반	대 할 대 는	서 로 맞 선	반 대 하 여
돌 이 킬 반	돌 아 올 복	되 풀 이 함	반 복 이 고
필 발 에 다	소 리 음 은	말 소 리 냄	발 음 이 며
어 떤 사 실	알 리 는 것	필 발 걸 표	발 표 이 고
뒤 쪽 경 치	사 건 정 경	등 배 별 경	배 경 이 다

📍 이제는 한자로 쓰인 한자어 가사도 쉽게 읽을 수 있어요~~^^

글 월 文 에	구 분 段 은	뮤 는 單 位	文 段 이 고
글 월 文 에	글 章 이 면	말 글 表 現	文 章 이 며
物 件 物 에	物 件 件 은	形 體 갖 춘	物 件 이 고
아 닐 未 에	올 來 하 면	앞 날 의 뜻	未 來 이 며
넓 을 博 과	物 件 物 이	집 館 이 니	博 物 館 을
되 돌 릴 反	對 할 對 는	서 로 맞 선	反 對 하 여
돌 이 킬 反	돌 아 올 復	되 풀 이 함	反 復 이 고
필 發 에 다	소 리 音 은	말 소 리 냄	發 音 이 며
어 떤 事 實	알 리 는 것	필 發 걸 表	發 表 이 고
뒤 쪽 景 致	事 件 정 경	등 背 별 景	背 景 이 다

文 段 문단

文 글월 문 + 段 구분 단 = 文段

[받기 비밀] 글월[文]을 구분[段]하기 위한 단위가 文段이다.

[사진 붙여] 글에서 하나로 묶을 수 있는 짤막한 단위.

❀ 다음 빈칸에 한자어의 독음과 한자의 훈음을 예쁘게 써 보세요.

文段 [　] / 文 [　] + 段 [　]

[독음 연습] 한편의 글은 文段이라는 작은 묶음들로 구성된다.

文	段	文	段						

文 章 문장

文 글월 문 + 章 글 장 = 文章

[받기 비밀] 글월[文]과 글[章]이 文章이다.

[사진 붙여] 어떤 생각이나 느낌을 줄거리를 세워 글자로 기록해 나타낸 것.

❀ 다음 빈칸에 한자어의 독음과 한자의 훈음을 예쁘게 써 보세요.

文章 [　] / 文 [　] + 章 [　]

[독음 연습] 다음 文章에서 맞춤법에 어긋난 표현을 찾아 고치시오.

文	章	文	章						

物 件   물건

物 물건 물 + 件 물건 건 = 物件

(함께 배워요) 물질[物]이나 물건[件]을 합쳐 物件이라 한다.

(사전 풀이) 일정한 형체를 갖춘 물질적 대상.

❀ 다음 빈칸에 한자어의 독음과 한자의 훈음을 예쁘게 써 보세요.

| 物件 | | / | 物 | | + | 件 | |

(독음 연습) 내가 찾고 있는 物件이 책상위에 있다.

| 物 | 件 | 物 | 件 | | | | | | |

未 來   미래

未 아닐 미 + 來 올 래 = 未來

(함께 배워요) 오지[來] 않은[未] 때가 未來이다.

(사전 풀이) 앞으로 올 때.

❀ 다음 빈칸에 한자어의 독음과 한자의 훈음을 예쁘게 써 보세요.

| 未來 | | / | 未 | | + | 來 | |

(독음 연습) 未來의 세계는 어떤 모습일지 궁금하다.

| 未 | 來 | 未 | 來 | | | | | | |

博物館 박물관

博 넓을 박 + 物 물건 물 + 館 집 관 = 博物館

넓은[博] 곳에 유물[物]을 보관 전시하는 집[館]이 博物館이다.

역사적인 유물을 잘 보관하여 전시하는 곳.

❀ 다음 빈칸에 한자어의 독음과 한자의 훈음을 예쁘게 써 보세요.

博物館 [　] / 博 [　] + 物 [　] + 館 [　]

할아버지께서는 평생 모으신 작품들을 博物館에 기증하셨다.

博	物	館	博	物	館				

反對 반대

反 되돌릴 반 + 對 대할 대 = 反對

되돌아서서[反] 대하는[對] 것이 反對이다.

남의 의견이나 행동에 맞서거나 그것을 거스름.

❀ 다음 빈칸에 한자어의 독음과 한자의 훈음을 예쁘게 써 보세요.

反對 [　] / 反 [　] + 對 [　]

우리는 회장의 결정에 反對의 뜻을 분명히 했다.

反	對	反	對						

反 復　반복

反 돌이킬 반 + 復 돌아올 복 = 反復

돌이키어[反] 돌아오면[復] 또하는 것이 反復이다.

같은 일을 되풀이함.

※ 다음 빈칸에 한자어의 독음과 한자의 훈음을 예쁘게 써 보세요.

反復 [　] / 反 [　] + 復 [　]

같은 실수를 反復하는 것이 문제다.

反	復	反	復					

發 音　발음

發 필 발 + 音 소리 음 = 發音

소리[音]를 내는[發] 것이 發音이다.

말의 소리를 냄. 또는 그 음성.

※ 다음 빈칸에 한자어의 독음과 한자의 훈음을 예쁘게 써 보세요.

發音 [　] / 發 [　] + 音 [　]

언니는 얼마 전 치아 교정 장치를 달아서 發音이 잘 되지 않았다.

發	音	發	音					

發 表 발표

發 필 발 + 表 겉 표 = 發表

겉으로[表] 드러나게[發] 하는 것이 發表이다.

어떤 사실이나 결과, 작품 따위를 세상에 널리 드러내어 알림.

✿ 다음 빈칸에 한자어의 독음과 한자의 훈음을 예쁘게 써 보세요.

| 發表 | | / | 發 | | + | 表 | |

오늘은 대학 합격자 發表를 하는 날이다.

| 發 | 表 | 發 | 表 | | | | | | |

背 景 배경

背 등 배 + 景 볕 경 = 背景

등[背] 뒤의 경치[景]가 背景이다.

어떠한 사물이나 사건, 생각 등의 배후에 숨겨진 사정.

✿ 다음 빈칸에 한자어의 독음과 한자의 훈음을 예쁘게 써 보세요.

| 背景 | | / | 背 | | + | 景 | |

설악산을 背景으로 사진을 한 장 찍었다.

| 背 | 景 | 背 | 景 | | | | | | |

1. 다음 ☐☐안에 알맞은 한자어를 <보기>에서 찾아 써 보세요.

보기	發表 文段 背景 反復 物件 發音 文章 未來 反對 博物館

글 월 문 에	구 분 단 은	묶 는 단 위		이 고
글 월 문 에	글 장 이 면	말 글 표 현		이 며
물 건 물 에	물 건 건 은	형 체 갖 춘		이 고
아 닐 미 에	올 래 하 면	앞 날 의 뜻		이 며
넓 을 박 과	물 건 물 이	집 관 이 니		을
되 돌 릴 반	대 할 대 는	서 로 맞 선		하 여
돌 이 킬 반	돌 아 올 복	되 풀 이 함		이 고
필 발 에 다	소 리 음 은	말 소 리 냄		이 며
어 떤 사 실	알 리 는 것	필 발 겉 표		이 고
뒤 쪽 경 치	사 건 정 경	등 배 별 경		이 다

2. 다음 한자어의 뜻을 써 보세요.

① 文段 ☐☐☐☐☐☐

② 文章 ☐☐☐☐☐☐

③ 物件 ☐☐☐☐☐☐

④ 未來 ☐☐☐☐☐☐

⑤ 博物館 ☐☐☐☐☐☐

⑥ 反對 ☐☐☐☐☐☐

⑦ 反復 ☐☐☐☐☐☐

⑧ 發音 ☐☐☐☐☐☐

⑨ 發表 ☐☐☐☐☐☐

⑩ 背景 ☐☐☐☐☐☐

3. 다음 한자어의 독음을 쓰고, 한자를 예쁘게 써 보세요.

	한자어	독음	쓰기			
①	文段		文 段	文 段		
②	文章		文 章	文 章		
③	物件		物 件	物 件		
④	未來		未 來	未 來		
⑤	博物館		博 物 館	博 物 館	
⑥	反對		反 對	反 對		
⑦	反復		反 復	反 復		
⑧	發音		發 音	發 音		
⑨	發表		發 表	發 表		
⑩	背景		背 景	背 景		

4. 다음 한자어에 독음과 알맞은 뜻을 바르게 연결하세요.

① 背景 • • 반대 • • 글에서 하나로 묶을 수 있는 짧막한 단위.

② 反復 • • 문단 • • 남의 의견이나 행동에 맞서거나 그것을 거스름.

③ 發音 • • 발음 • • 같은 일을 되풀이함.

④ 文段 • • 반복 • • 말의 소리를 냄. 또는 그 음성.

⑤ 反對 • • 배경 • • 어떠한 사물이나 사건, 생각 등의 배후에 숨겨진 사정.

寶物 ＊ 普通 ＊ 保護 ＊ 部分 ＊ 付託
分量 ＊ 秘密 ＊ 事件 ＊ 事物 ＊ 辭典

📍 한글로 된 가사를 노래로 부르면 한자어의 뜻이 쉽게 이해돼요.

보 배 보 에	물 건 물 은	보 배 물 건	보 물 이 고
널 리 보 에	통 할 통 은	평 범 하 다	보 통 이 며
지 킬 보 에	보 호 할 호	잘 보 살 핌	보 호 이 고
거 느 릴 부	나 눌 분 은	나 눈 하 나	부 분 이 며
줄 부 하 여	부 탁 할 탁	일 을 청 해	부 탁 이 고
나 눌 분 에	헤 아 릴 량	나 눈 정 도	분 량 이 며
숨 길 비 에	빽 빽 할 밀	숨 기 는 일	비 밀 이 고
일 사 에 다	사 건 건 은	뜻 밖 의 일	사 건 이 며
일 사 하 고	물 건 물 은	일 과 물 건	사 물 이 고
날 말 배 열	해 설 한 책	말 사 법 전	사 전 이 다

📍 이제는 한자로 쓰인 한자어 가사도 쉽게 읽을 수 있어요~~^^

보 배 寶 에	物 件 物 은	보 배 物 件	寶 物 이 고
널 리 普 에	통 할 通 은	平 凡 하 다	普 通 이 며
지 킬 保 에	保 護 할 護	잘 보 살 핌	保 護 이 고
거 느 릴 部	나 눌 分 은	나 눈 하 나	部 分 이 며
줄 付 하 여	부 탁 할 託	일 을 請 해	付 託 이 고
나 눌 分 에	헤 아 릴 量	나 눈 程 度	分 量 이 며
숨 길 秘 에	빽 빽 할 密	숨 기 는 일	秘 密 이 고
일 事 에 다	事 件 件 은	뜻 밖 의 일	事 件 이 며
일 事 하 고	物 件 物 은	일 과 物 件	事 物 이 고
날 말 配 列	解 說 한 冊	말 辭 法 典	辭 典 이 다

寶 物　보물

寶 보배 보 + 物 물건 물 = 寶物

보배로운[寶] 물건[物]이 寶物이다.

썩 드물고 귀한 가치가 있는 보배로운 물건.

❀ 다음 빈칸에 한자어의 독음과 한자의 훈음을 예쁘게 써 보세요.

| 寶物 | | / | 寶 | | + | 物 | |

서울에 있는 동대문은 寶物 제1호이다.

寶	物	寶	物					

普 通　보통

普 널리 보 + 通 통할 통 = 普通

널리[普] 통하는[通] 것이 普通이다.

특별하거나 드물지 않고 평범한 것.

❀ 다음 빈칸에 한자어의 독음과 한자의 훈음을 예쁘게 써 보세요.

| 普通 | | / | 普 | | + | 通 | |

아기들은 저녁때 많이 칭얼대는 것이 普通이다.

普	通	普	通					

保 護　보호

保 지킬 보 ＋ 護 보호할 호 ＝ 保護

지키고[保] 보호하는[護] 것이 保護이다.

위험이나 곤란 등이 미치지 않도록 잘 지키고 보살핌.

❀ 다음 빈칸에 한자어의 독음과 한자의 훈음을 예쁘게 써 보세요.

保護 [　] / 保 [　] ＋ 護 [　]

환경 保護는 미래의 후손을 위하여 아주 중요한 과제이다.

保	護	保	護					

部 分　부분

部 거느릴 부 ＋ 分 나눌 분 ＝ 部分

거느리고[部] 나눈[分] 것이 部分이다.

전체를 이루는 작은 범위.

❀ 다음 빈칸에 한자어의 독음과 한자의 훈음을 예쁘게 써 보세요.

部分 [　] / 部 [　] ＋ 分 [　]

나는 다리의 멍든 部分에 연고를 발랐다.

部	分	部	分					

付 託 부탁

付 줄 **부** + 託 부탁할 **탁** = 付託

일을 해달라고[付] 맡기는[託] 것이 付託이다.

어떤 일을 해 달라고 청하거나 맡김.

❀ 다음 빈칸에 한자어의 독음과 한자의 훈음을 예쁘게 써 보세요.

付託		/	付		+	託	

부모님께 이번 학비를 付託한다는 편지를 써서 보냈다.

付	託	付	託						

分 量 분량

分 나눌 **분** + 量 헤아릴 **량** = 分量

나누어[分] 놓은 양[量]이 分量이다.

수효, 무게 따위의 많고 적음이나 부피의 크고 작은 정도.

❀ 다음 빈칸에 한자어의 독음과 한자의 훈음을 예쁘게 써 보세요.

分量		/	分		+	量	

이삿짐을 풀어헤쳐놓고 보니 대형 트럭 두 대 分量이나 되었다.

分	量	分	量						

秘 密 　비밀

秘 　숨길 비 ＋ 密 　빽빽할 밀 ＝ 秘密

빽빽한[密] 곳에 숨기는[秘] 것이 秘密이다.

숨기어 남에게 드러내거나 알리지 말아야 할 일.

✿ 다음 빈칸에 한자어의 독음과 한자의 훈음을 예쁘게 써 보세요.

秘密 ⬚ ／ 秘 ⬚ ＋ 密 ⬚

신용카드의 秘密번호는 절대로 남이 알지 못하게 하여야 한다.

秘 密 秘 密 | | | | | |

事 件 　사건

事 　일 사 ＋ 件 　사건 건 ＝ 事件

일[事]의 사건[件]이 事件이다.

사회적으로 문제를 일으키거나 주목을 받을 만한 뜻밖의 일.

✿ 다음 빈칸에 한자어의 독음과 한자의 훈음을 예쁘게 써 보세요.

事件 ⬚ ／ 事 ⬚ ＋ 件 ⬚

인물, 事件, 배경은 소설을 구성하는 3요소이다.

事 件 事 件 | | | | | |

事 物　사물

事　일　사　+　物　물건　물　=　事物

일[事]과 물건[物]을 아울러 말하면 **事物**이다.

일과 물건을 아울러 이르는 말.

❀ 다음 빈칸에 한자어의 독음과 한자의 훈음을 예쁘게 써 보세요.

事物 [　　] / 事 [　　] + 物 [　　]

우리는 독서를 통하여 많은 事物과 그 이름을 배운다.

事	物	事	物					

辭 典　사전

辭　말씀　사　+　典　책　전　=　辭典

일[事]과 물건[物]을 아울러 말하면 **事物**이다.

어떤 범위 안에서 쓰이는 낱말을 모아서 일정한 순서로 해설한 책.

❀ 다음 빈칸에 한자어의 독음과 한자의 훈음을 예쁘게 써 보세요.

辭典 [　　] / 辭 [　　] + 典 [　　]

나는 공부하면서 모르는 단어의 뜻을 辭典에서 찾는다.

辭	典	辭	典					

1. 다음 ☐☐안에 알맞은 한자어를 <보기>에서 찾아 써 보세요.

보기 | 分量 秘密 辭典 付託 部分 寶物 事物 事件 普通 保護

보 배 보 에	물 건 물 은	보 배 물 건			이 고
널 리 보 에	통 할 통 은	평 범 하 다			이 며
지 킬 보 에	보 호 할 호	잘 보 살 핌			이 고
거 느 릴 부	나 눌 분 은	나 눈 하 나			이 며
줄 부 하 여	부 탁 할 탁	일 을 청 해			이 고
나 눌 분 에	헤 아 릴 량	나 눈 정 도			이 며
숨 길 비 에	빽 빽 할 밀	숨 기 는 일			이 고
일 사 에 다	사 건 건 은	뜻 밖 의 일			이 며
일 사 하 고	물 건 물 은	일 과 물 건			이 고
낱 말 배 열	해 설 한 책	말 사 법 전			이 다

2. 다음 한자어의 뜻을 써 보세요.

① 寶物 ⬚

② 普通 ⬚

③ 保護 ⬚

④ 部分 ⬚

⑤ 付託 ⬚

⑥ 分量 ⬚

⑦ 秘密 ⬚

⑧ 事件 ⬚

⑨ 事物 ⬚

⑩ 辭典 ⬚

3. 다음 한자어의 독음을 쓰고, 한자를 예쁘게 써 보세요.

①	寶物		寶	物	寶	物		
②	普通		普	通	普	通		
③	保護		保	護	保	護		
④	部分		部	分	部	分		
⑤	付託		付	託	付	託		
⑥	分量		分	量	分	量		
⑦	秘密		秘	密	秘	密		
⑧	事件		事	件	事	件		
⑨	事物		事	物	事	物		
⑩	辭典		辭	典	辭	典		

4. 다음 한자어에 독음과 알맞은 뜻을 바르게 연결하세요.

① 寶物 ・ ・ 보통 ・ ・ 숨기어 남에게 드러내거나 알리지 말아야 할 일.

② 普通 ・ ・ 보물 ・ ・ 위험이나 곤란 등이 미치지 않도록 잘 지키고 보살핌.

③ 保護 ・ ・ 사전 ・ ・ 특별하거나 드물지 않고 평범한 것.

④ 秘密 ・ ・ 비밀 ・ ・ 썩 드물고 귀한 가치가 있는 보배로운 물건.

⑤ 辭典 ・ ・ 보호 ・ ・ 어떤 범위 안에서 쓰이는 낱말을 모아서 일정한 순서로 해설한 책.

寫眞 * 司會者 * 想像 * 狀態 * 狀況
膳物 * 選擇 * 說明 * 性格 * 成長

📍 한글로 된 가사를 노래로 부르면 한자어의 뜻이 쉽게 이해돼요.

베낄 사 에	참 진 하 면	물 체 영 상	사 진 이 고
말 을 사 에	모 일 회 의	놈 자 이 니	사 회 자 며
생 각 상 에	모 양 상 은	미 리 생 각	상 상 이 고
형 상 상 에	모 양 태 는	사 물 형 편	상 태 이 며
형 상 상 에	하 물 며 황	처 한 형 편	상 황 이 고
반 찬 선 에	물 건 물 은	물 건 선 사	선 물 이 며
가 릴 선 에	가 릴 택 은	골 라 뽑 음	선 택 이 고
말 씀 설 에	밝 을 명 은	밝 혀 말 함	설 명 이 며
성 품 성 에	격 식 격 은	고 유 품 성	성 격 이 고
이 룰 성 에	긴 장 이 니	점 점 자 람	성 장 이 다

📍 이제는 한자로 쓰인 한자어 가사도 쉽게 읽을 수 있어요~~^^

베낄 寫 에	참 眞 하 면	物 體 映 像	寫 眞 이 고
말 을 司 에	모 일 會 의	놈 者 이 니	司 會 者 며
생 각 想 에	模 樣 像 은	미 리 생 각	想 像 이 고
形 狀 狀 에	模 樣 態 는	事 物 形 便	狀 態 이 며
形 狀 狀 에	하 물 며 況	처 한 형 편	狀 況 이 고
飯 饌 膳 에	物 件 物 은	物 件 膳 賜	膳 物 이 며
가 릴 選 에	가 릴 擇 은	골 라 뽑 음	選 擇 이 고
말 씀 說 에	밝 을 明 은	밝 혀 말 함	說 明 이 며
性 品 性 에	格 式 格 은	固 有 品 性	性 格 이 고
이 룰 成 에	긴 長 이 니	漸 漸 자 람	成 長 이 다

寫眞 사진

寫 베낄 사 + 眞 참 진 = 寫眞

참된[眞] 모습을 베껴놓은[寫] 것이 寫眞이다.

물체의 형상을 감광막 위에 나타나도록 찍어 오랫동안 보존할 수 있게 만든 영상.

❀ 다음 빈칸에 한자어의 독음과 한자의 훈음을 예쁘게 써 보세요.

寫眞 [ ] / 寫 [ ] + 眞 [ ]

나의 취미는 寫眞 찍는 것이다.

寫	眞	寫	眞						

司會者 사회자

司 맡을 사 + 會 모일 사 + 者 놈 자 = 司會者

사회[司會]를 보는 사람[者]이 司會者이다.

모임이나 예식에서 차례를 따라 그 일을 진행하는 사람.

❀ 다음 빈칸에 한자어의 독음과 한자의 훈음을 예쁘게 써 보세요.

司會者 [ ] / 司 [ ] + 會 [ ] + 者 [ ]

신애는 말주변이 좋아서 司會者로는 적격인 사람이다.

司	會	者	司	會	者				

想 像　상상

| 想 | 생각할 상 | + | 像 | 형상 상 | = | 想像 |

암기비법 어떤 형상[像]을 생각해[想] 보는 것이 想像이다.

사전풀이 실제로 경험하지 않은 현상이나 사물에 대하여 마음속으로 그려 봄.

❀ 다음 빈칸에 한자어의 독음과 한자의 훈음을 예쁘게 써 보세요.

| 想像 | | / | 想 | | + | 像 | |

독음연습 그런 일이 일어나리라고는 想像도 못했다.

想	像	想	像					

狀 態　상태

| 狀 | 형상 상 | + | 態 | 모양 태 | = | 狀態 |

암기비법 형상[狀]이나 모양[態]이 狀態이다.

사전풀이 어떤 사물이나 현상 따위가 일정한 때에 처해 있는 형편이나 모양.

❀ 다음 빈칸에 한자어의 독음과 한자의 훈음을 예쁘게 써 보세요.

| 狀態 | | / | 狀 | | + | 態 | |

독음연습 나는 독감 때문에 요즘 건강 狀態가 좋지 않다.

狀	態	狀	態					

狀 況 상황

狀 형상 상 + 況 하물며 황 = 狀況

형상[狀]이 되어 가는[況] 것이 狀況이다.

일이 되어 가는 과정이나 형편.

❀ 다음 빈칸에 한자어의 독음과 한자의 훈음을 예쁘게 써 보세요.

| 狀況 | | / | 狀 | | + | 況 | |

그는 狀況이 심각한데도 아랑곳하지 않고 태평히 먹고 잤다.

狀	況	狀	況						

膳 物 선물

膳 반찬 선 + 物 물건 물 = 膳物

반찬[膳]처럼 부담 없이 먹는 물건[物]이 膳物이다.

남에게 어떤 물건 따위를 선사함. 또는 그 물건.

❀ 다음 빈칸에 한자어의 독음과 한자의 훈음을 예쁘게 써 보세요.

| 膳物 | | / | 膳 | | + | 物 | |

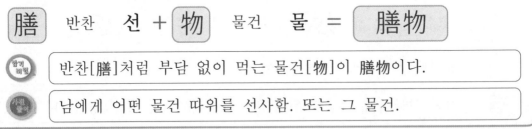

나는 친구의 생일 膳物로 필통을 샀다.

膳	物	膳	物						

選 擇 선택

選 가릴 선 + 擇 가릴 택 = 選擇

가리고[選] 가려내는[擇] 것이 選擇이다.

여럿 가운데서 필요한 것을 골라 뽑음.

❀ 다음 빈칸에 한자어의 독음과 한자의 훈음을 예쁘게 써 보세요.

| 選擇 | | / | 選 | | + | 擇 | |

값비싼 물건을 구입할 때에는 신중하게 選擇해야 한다.

| 選 | 擇 | 選 | 擇 | | | | |

說 明 설명

說 말씀 설 + 明 밝을 명 = 說明

밝혀[明] 말함[說]이 說明이다.

어떤 일이나 대상의 내용을 상대편이 잘 알 수 있도록 밝혀 말함.

❀ 다음 빈칸에 한자어의 독음과 한자의 훈음을 예쁘게 써 보세요.

| 說明 | | / | 說 | | + | 明 | |

어려운 한자어를 한자로 說明해 주시니 이해하기가 쉬웠다.

| 說 | 明 | 說 | 明 | | | | |

性 格　성격

性　성품 성　＋　格　격식 격　＝　性格

성품[性]의 격식[格]이 性格이다.

개인이 가지고 있는 고유의 성질이나 품성.

❀ 다음 빈칸에 한자어의 독음과 한자의 훈음을 예쁘게 써 보세요.

性格 □ / 性 □ ＋ 格 □

독음
연습　식성을 보면 그 사람의 性格을 대충은 알 수 있다고 한다.

性	格	性	格						

成 長　성장

成　이룰 성　＋　長　긴 장　＝　成長

이루어져[成] 가는 긴[長] 과정이 成長이다.

사람이나 동물 따위가 자라서 점점 커짐.

❀ 다음 빈칸에 한자어의 독음과 한자의 훈음을 예쁘게 써 보세요.

成長 □ / 成 □ ＋ 長 □

독음
연습　나는 자라온 成長 과정을 뒤돌아보았다.

成	長	成	長						

1. 다음 ☐☐안에 알맞은 한자어를 <보기>에서 찾아 써 보세요.

보기	成長 選擇 膳物 想像 司會者 寫眞 狀態 狀況 說明 性格

베낄사에	참 진 하면	물 체 영 상		이 고
맡을사에	모 일 회 의	놈 자 이 니		며
생 각 상에	모 양 상은	미 리 생 각		이 고
형 상 상에	모 양 태 는	사 물 형 편		이 며
형 상 상에	하 물 며 황	처 한 형 편		이 고
반 찬 선에	물 건 물 은	물 건 선 사		이 며
가 릴 선에	가 릴 택 은	골 라 뽑 음		이 고
말 씀 설에	밝 을 명 은	밝 혀 말 함		이 며
성 품 성에	격 식 격 은	고 유 품 성		이 고
이 룰 성에	긴 장 이 니	점 점 자 람		이 다

2. 다음 한자어의 뜻을 써 보세요.

① 寫眞 ☐

② 司會者 ☐

③ 想像 ☐

④ 狀態 ☐

⑤ 狀況 ☐

⑥ 膳物 ☐

⑦ 選擇 ☐

⑧ 說明 ☐

⑨ 性格 ☐

⑩ 成長 ☐

3. 다음 한자어의 독음을 쓰고, 한자를 예쁘게 써 보세요.

	한자어	독음	쓰기					
①	寫眞		寫	眞	寫	眞		
②	司會者		司	會	者	司	會	者
③	想像		想	像	想	像		
④	狀態		狀	態	狀	態		
⑤	狀況		狀	況	狀	況		
⑥	膳物		膳	物	膳	物		
⑦	選擇		選	擇	選	擇		
⑧	說明		說	明	說	明		
⑨	性格		性	格	性	格		
⑩	成長		成	長	成	長		

4. 다음 한자어에 독음과 알맞은 뜻을 바르게 연결하세요.

① 想像 • · 선물 • · 여럿 가운데서 필요한 것을 골라 뽑음.

② 狀態 • · 상태 • · 남에게 어떤 물건 따위를 선사함.

③ 狀況 • · 상황 • · 어떤 사물이나 현상 따위가 일정한 때에 처해 있는 형편이나 모양.

④ 選擇 • · 상상 • · 일이 되어 가는 과정이나 형편.

⑤ 膳物 • · 선택 • · 실제로 경험하지 않은 현상이나 사물에 대하여 마음속으로 그려 봄.

紹介 * 所願 * 俗談 * 受業 * 水蒸氣
宿題 * 瞬間 * 順序 * 始作 * 市場

한글로 된 가사를 노래로 부르면 한자어의 뜻이 쉽게 이해돼요.

이 을 소 에	끼 일 개 는	서 로 알 게	소 개 이 고
바 소 하 고	바 랄 원 은	바 라 는 바	소 원 이 며
풍 속 속 에	이 야 기 담	민 간 격 언	속 담 이 고
받 을 수 에	업 업 하 면	학 업 받 는	수 업 이 며
물 수 찔 증	기 운 기 는	기 체 된 물	수 증 기 고
잠 잘 숙 에	제 목 제 는	방 과 과 제	숙 제 이 며
깜 짝 일 순	사 이 간 은	잠 깐 동 안	순 간 이 고
순 할 순 에	차 례 서 는	선 후 나 열	순 서 이 며
처 음 시 에	지 을 작 은	일 의 처 음	시 작 이 고
저 자 시 에	마 당 장 은	장 이 서 는	시 장 이 다

이제는 한자로 쓰인 한자어 가사도 쉽게 읽을 수 있어요~~^^

이 을 紹 에	끼 일 介 는	서 로 알 게	紹 介 이 고
바 所 하 고	바 랄 願 은	바 라 는 바	所 願 이 며
風 俗 俗 에	이 야 기 談	民 間 格 言	俗 談 이 고
받 을 受 에	업 業 하 면	學 業 받 는	受 業 이 며
물 水 찔 蒸	氣 運 氣 는	氣 體 된 물	水 蒸 氣 고
잠 잘 宿 에	題 目 題 는	放 課 課 題	宿 題 이 며
깜 짝 일 瞬	사 이 間 은	잠 깐 동 안	瞬 間 이 고
순 할 順 에	次 例 序 는	先 後 羅 列	順 序 이 며
처 음 始 에	지 을 作 은	일 의 처 음	始 作 이 고
저 자 市 에	마 당 場 은	場 이 서 는	市 場 이 다

紹 介　소개

紹 이을 소 ＋ 介 끼일 개 ＝ 紹介

끼어들어[介] 서로 이어주는[紹] 것이 紹介이다.

둘 사이에서 양편의 일이 진행되게 주선함.

❀ 다음 빈칸에 한자어의 독음과 한자의 훈음을 예쁘게 써 보세요.

紹介　　　／　紹　　　＋　介

이 신문은 신간 서적에 대한 紹介를 자세히 해주었다.

紹	介	紹	介				

所 願　소원

所 바 소 ＋ 願 바랄 원 ＝ 所願

바라는[願] 바[所]가 所願이다.

바라고 원함. 또는 바라고 원하는 일.

❀ 다음 빈칸에 한자어의 독음과 한자의 훈음을 예쁘게 써 보세요.

所願　　　／　所　　　＋　願

우리의 所願은 통일이다.

所	願	所	願				

俗 談 속담

俗 풍속 속 + 談 이야기 담 = 俗談

풍속[俗]에서 전하여 오는 이야기[談]가 俗談이다.

옛날부터 민간에 전하여 오는 쉬운 격언이나 잠언.

❀ 다음 빈칸에 한자어의 독음과 한자의 훈음을 예쁘게 써 보세요.

俗談 [　　] / 俗 [　　] + 談 [　　]

세 살 적 버릇이 여든까지 간다는 俗談은 결코 헛말이 아니다.

俗	談	俗	談				

受 業 수업

受 받을 수 + 業 업 업 = 受業

학업[業]의 가르침을 받는[受] 것이 受業이다.

기술이나 학업의 가르침을 받음.

❀ 다음 빈칸에 한자어의 독음과 한자의 훈음을 예쁘게 써 보세요.

受業 [　　] / 受 [　　] + 業 [　　]

나는 몸이 아파서 受業을 쉬었다.

受	業	受	業				

水蒸氣 수증기

水 물 수 + 蒸 찔 증 + 氣 기운 기 = 水蒸氣

물[水]이 증발하여[蒸] 기체[氣]로 된 것이 水蒸氣이다.

물이 증발하여 기체 상태로 된 것.

❀ 다음 빈칸에 한자어의 독음과 한자의 훈음을 예쁘게 써 보세요.

水蒸氣 [ ] / 水 [ ] + 蒸 [ ] + 氣 [ ]

水蒸氣가 뿌옇게 피어올랐다.

水	蒸	氣	水	蒸	氣			

宿題 숙제

宿 잠잘 숙 + 題 제목 제 = 宿題

잠자는[宿] 집에서 하는 과제[題]가 宿題이다.

복습이나 예습 따위를 위하여 방과 후에 학생들에게 내주는 과제.

❀ 다음 빈칸에 한자어의 독음과 한자의 훈음을 예쁘게 써 보세요.

宿題 [ ] / 宿 [ ] + 題 [ ]

나는 宿題를 하고나서 친구하고 놀았다.

宿	題	宿	題				

瞬 間 순간

瞬 깜짝일 순 + 間 사이 간 = 瞬間

깜짝이는[瞬] 사이[間]가 瞬間이다.

아주 짧은 동안.

❀ 다음 빈칸에 한자어의 독음과 한자의 훈음을 예쁘게 써 보세요.

瞬間 [   ] / 瞬 [   ] + 間 [   ]

우리 대표 팀은 결정적인 瞬間에 실수를 연발했다.

瞬 間 瞬 間 | | | | |

順 序 순서

順 순할 순 + 序 차례 서 = 順序

순서[順]와 차례[序]가 順序이다.

정하여진 기준에서 말하는 전후, 좌우, 상하 따위의 차례 관계.

❀ 다음 빈칸에 한자어의 독음과 한자의 훈음을 예쁘게 써 보세요.

順序 [   ] / 順 [   ] + 序 [   ]

이것으로써 오늘 順序를 모두 마치겠습니다.

順 序 順 序 | | | | |

始 作 시작

| 始 | 처음 시 | + | 作 | 지을 작 | = | 始作 |

(밝기 메뚜) 처음[始] 짓는[作] 것이 始作이다.

(사전 풀이) 어떤 일이나 행동의 처음 단계를 이루거나 그렇게 하게 함.

❀ 다음 빈칸에 한자어의 독음과 한자의 훈음을 예쁘게 써 보세요.

| 始作 | | / | 始 | | + | 作 | |

(독음 연습) 수업 始作시간이 얼마 남지 않았다.

始	作	始	作						

市 場 시장

| 市 | 저자 시 | + | 場 | 마당 장 | = | 市場 |

(밝기 메뚜) 저자[市]가 있는 장소[場]가 市場이다.

(사전 풀이) 여러 가지 상품을 사고파는 일정한 장소.

❀ 다음 빈칸에 한자어의 독음과 한자의 훈음을 예쁘게 써 보세요.

| 市場 | | / | 市 | | + | 場 | |

(독음 연습) 어머니와 함께 전통 市場에 다녀왔다.

市	場	市	場						

1. 다음 ☐☐안에 알맞은 한자어를 <보기>에서 찾아 써 보세요.

보기	紹介 受業 水蒸氣 順序 始作 所願 俗談 宿題 瞬間 市場

이 을 소 에	끼 일 개 는	서 로 알 게		이 고
바 소 하 고	바 랄 원 은	바 라 는 바		이 며
풍 속 속 에	이 야 기 담	민 간 격 언		이 고
받 을 수 에	업 업 하 면	학 업 받 는		이 며
물 수 찔 증	기 운 기 는	기 체 된 물		고
잠 잘 숙 에	제 목 제 는	방 과 과 제		이 며
깜 짝 일 순	사 이 간 은	잠 깐 동 안		이 고
순 할 순 에	차 례 서 는	선 후 나 열		이 며
처 음 시 에	지 을 작 은	일 의 처 음		이 고
저 자 시 에	마 당 장 은	장 이 서 는		이 다

2. 다음 한자어의 뜻을 써 보세요.

① 紹介
② 所願
③ 俗談
④ 受業
⑤ 水蒸氣
⑥ 宿題
⑦ 瞬間
⑧ 順序
⑨ 始作
⑩ 市場

3. 다음 한자어의 독음을 쓰고, 한자를 예쁘게 써 보세요.

①	紹介		紹	介	紹	介		
②	所願		所	願	所	願		
③	俗談		俗	談	俗	談		
④	受業		受	業	受	業		
⑤	水蒸氣		水	蒸	氣	水	蒸	氣
⑥	宿題		宿	題	宿	題		
⑦	瞬間		瞬	間	瞬	間		
⑧	順序		順	序	順	序		
⑨	始作		始	作	始	作		
⑩	市場		市	場	市	場		

4. 다음 한자어에 독음과 알맞은 뜻을 바르게 연결하세요.

① 紹介 ・ ・ 소개 ・ ・ 복습이나 예습 따위를 위하여 방과 후에 학생들에게 내주는 과제.

② 瞬間 ・ ・ 숙제 ・ ・ 둘 사이에서 양편의 일이 진행되게 주선함.

③ 宿題 ・ ・ 순간 ・ ・ 옛날부터 민간에 전하여 오는 쉬운 격언이나 잠언.

④ 順序 ・ ・ 속담 ・ ・ 아주 짧은 동안.

⑤ 俗談 ・ ・ 순서 ・ ・ 정하여진 기준에서 말하는 전후, 좌우, 상하 따위의 차례 관계.

한글로 된 가사를 노래로 부르면 한자어의 뜻이 쉽게 이해돼요.

새 신 에 다	들 을 문 은	새 로 듣 는	신 문 이 고
편 안 할 안	편 안 할 녕	걱 정 없 다	안 녕 이 며
맺 을 약 에	뮤 을 속 은	미 리 정 한	약 속 이 고
납 으 로 된	필 기 도 구	납 연 붓 필	연 필 이 며
더 러 울 오	물 들 일 염	더 럽 게 된	오 염 이 고
구 할 요 에	본 디 소 는	필 요 성 분	요 소 이 며
뜻 의 에 다	그 림 도 면	어 떤 본 뜻	의 도 이 고
재 물 자 에	헤 아 릴 료	바 탕 재 료	자 료 이 며
자 세 할 자	가 늘 세 는	아 주 분 명	자 세 이 고
아 들 자 에	소 리 음 은	닿 소 리 인	자 음 이 다

이제는 한자로 쓰인 한자어 가사도 쉽게 읽을 수 있어요~~^^

새 新 에 다	들 을 聞 은	새 로 듣 는	新 聞 이 고
便 安 할 安	便 安 할 寧	걱 정 없 다	安 寧 이 며
맺 을 約 에	뮤 을 束 은	미 리 定 한	約 束 이 고
납 으 로 된	筆 記 道 具	납 鉛 붓 筆	鉛 筆 이 며
더 러 울 汚	물 들 일 染	더 럽 게 된	汚 染 이 고
求 할 要 에	본 디 素 는	必 要 成 分	要 素 이 며
뜻 意 에 다	그 림 圖 면	어 떤 本 뜻	意 圖 이 고
財 物 資 에	헤 아 릴 料	바 탕 材 料	資 料 이 며
仔 細 할 仔	가 늘 細 는	아 주 分 明	仔 細 이 고
아 들 子 에	소 리 音 은	닿 소 리 인	子 音 이 다

新 聞 신문

新 새 신 + 聞 들을 문 = 新聞

(깡끼 비켜) 새로운[新] 견문[聞]이 新聞이다.

(가꿈 넓이) 세상에서 일어나는 새로운 사건이나 사실을 알리고 해설하는 정기 간행물.

❀ 다음 빈칸에 한자어의 독음과 한자의 훈음을 예쁘게 써 보세요.

新聞 [　　] / 新 [　　] + 聞 [　　]

(독음 연습) 요즈음은 바빠서 新聞 읽을 시간도 없다.

新	聞	新	聞				

安 寧 안녕

安 편안할 안 + 寧 편안할 녕 = 安寧

(깡끼 비켜) 편안하고[安] 편안한[寧] 것이 安寧이다.

(가꿈 넓이) 아무 탈 없이 편안함.

❀ 다음 빈칸에 한자어의 독음과 한자의 훈음을 예쁘게 써 보세요.

安寧 [　　] / 安 [　　] + 寧 [　　]

(독음 연습) 아버지, 安寧히 주무셨습니까?

安	寧	安	寧				

約 束　약속

約　맺을　약　+　束　묶을　속　=　約束

(맞기
메모)　서로 맺고[約] 묶어서[束] 것이 約束이다.

(사전
풀이)　다른 사람과 앞으로의 일을 어떻게 할 것인가를 미리 정하여 둠.

❀ 다음 빈칸에 한자어의 독음과 한자의 훈음을 예쁘게 써 보세요.

約束　□　/　約　□　+　束　□

(독음
연습)　이 친구는 約束을 대수롭지 않게 여기는 나쁜 버릇이 있다.

約	束	約	束				

鉛 筆　연필

鉛　납　연　+　筆　붓　필　=　鉛筆

(맞기
메모)　납[鉛]으로 만든 붓[筆]이 鉛筆이다.

(사전
풀이)　필기도구의 하나.

❀ 다음 빈칸에 한자어의 독음과 한자의 훈음을 예쁘게 써 보세요.

鉛筆　□　/　鉛　□　+　筆　□

(독음
연습)　내 필통 속에는 鉛筆이 세 자루가 들어 있습니다.

鉛	筆	鉛	筆				

汚染 　오염

汚 더로울 오 + 染 물들일 염 = 汚染

더러운[汚] 것에 물들여[染] 진 것이 汚染이다.

공기나 물, 환경 따위가 더러워지거나 해로운 물질에 물듦.

❀ 다음 빈칸에 한자어의 독음과 한자의 훈음을 예쁘게 써 보세요.

汚染 　　/ 汚 　　+ 染 　

현대인은 汚染에 찌든 생활환경으로부터 위협받고 있다.

汚	染	汚	染						

要素 　요소

要 구할 요 + 素 본디 소 = 要素

구해야[要]할 본디[素]의 것이 要素이다.

더는 간단하게 나누거나 분석할 수 없는 성분.

❀ 다음 빈칸에 한자어의 독음과 한자의 훈음을 예쁘게 써 보세요.

要素 　　/ 要 　　+ 素 　

인물, 사건, 배경을 보통 소설의 삼대 要素라고 한다.

要	素	要	素						

意 圖 의도

意 뜻 의 + 圖 그림 도 = 意圖

뜻[意]을 그림[圖]처럼 나타내 보이는 것이 意圖이다.

무엇을 하고자 하는 생각이나 계획.

❀ 다음 빈칸에 한자어의 독음과 한자의 훈음을 예쁘게 써 보세요.

意圖 [ ] / 意 [ ] + 圖 [ ]

이번 일은 意圖는 좋았으나 결과가 나쁘게 나왔다.

意	圖	意	圖					

資 料 자료

資 재물 자 + 料 헤아릴 료 = 資料

재물[資]의 재료[料]가 資料이다.

연구나 조사 따위의 바탕이 되는 재료.

❀ 다음 빈칸에 한자어의 독음과 한자의 훈음을 예쁘게 써 보세요.

資料 [ ] / 資 [ ] + 料 [ ]

먼저 資料를 수집하고 정리하는 것이 책을 쓰는 첫 걸음이다.

資	料	資	料					

仔細 자세

仔 자세할 **자** + **細** 가늘 **세** = 仔細

(암기비법) 자세하고[仔] 세밀한[細] 것이 仔細이다.

(사전풀이) 사소한 부분까지 구체적이고 분명히.

❀ 다음 빈칸에 한자어의 독음과 한자의 훈음을 예쁘게 써 보세요.

仔細 [ ] / 仔 [ ] + 細 [ ]

(독음연습) 다음 문제를 仔細히 읽은 후 알맞은 답을 쓰세요.

仔	細	仔	細						

子音 자음

子 아들 **자** + **音** 소리 **음** = 子音

(암기비법) 아들[子] 소리[音]가 子音이다.

(사전풀이) 목, 혀 따위의 발음 기관에 의해 구강 통로가 좁아지거나 막히는 따위의 장애를 받으며 나는 소리

❀ 다음 빈칸에 한자어의 독음과 한자의 훈음을 예쁘게 써 보세요.

子音 [ ] / 子 [ ] + 音 [ ]

(독음연습) 'ㄱ'부터'ㅎ'까지 子音의 이름을 바르게 써 봅시다.

子	音	子	音						

1. 다음 ☐☐안에 알맞은 한자어를 <보기>에서 찾아 써 보세요.

| 보기 | 要素 資料 安寧 子音 鉛筆 約束 汚染 意圖 新聞 仔細 |

새 신 에 다	들 을 문 은	새 로 듣 는		이 고
편 안 할 안	편 안 할 녕	걱 정 없 다		이 며
맺 을 약 에	묶 을 속 은	미 리 정 한		이 고
납 으 로 된	필 기 도 구	납 연 붓 필		이 며
더 러 울 오	물 들 일 염	더 럽 게 된		이 고
구 할 요 에	본 디 소 는	필 요 성 분		이 며
뜻 의 에 다	그 림 도 면	어 떤 본 뜻		이 고
재 물 자 에	헤 아 릴 료	바 탕 재 료		이 며
자 세 할 자	가 늘 세 는	아 주 분 명		이 고
아 들 자 에	소 리 음 은	닿 소 리 인		이 다

2. 다음 한자어의 뜻을 써 보세요.

① 新聞

② 安寧

③ 約束

④ 鉛筆

⑤ 汚染

⑥ 要素

⑦ 意圖

⑧ 資料

⑨ 仔細

⑩ 子音

3. 다음 한자어의 독음을 쓰고, 한자를 예쁘게 써 보세요.

①	新聞		新	聞	新	聞		
②	安寧		安	寧	安	寧		
③	約束		約	束	約	束		
④	鉛筆		鉛	筆	鉛	筆		
⑤	汚染		汚	染	汚	染		
⑥	要素		要	素	要	素		
⑦	意圖		意	圖	意	圖		
⑧	資料		資	料	資	料		
⑨	仔細		仔	細	仔	細		
⑩	子音		子	音	子	音		

4. 다음 한자어에 독음과 알맞은 뜻을 바르게 연결하세요.

① 約束 • • 약속 • • 무엇을 하고자 하는 생각이나 계획.

② 汚染 • • 오염 • • 더는 간단하게 나누거나 분석할 수 없는 성분.

③ 意圖 • • 의도 • • 연구나 조사 따위의 바탕이 되는 재료.

④ 資料 • • 요소 • • 다른 사람과 앞으로의 일을 어떻게 할 것인가를 미리 정하여 둠.

⑤ 要素 • • 자료 • • 공기나 물, 환경 따위가 더러워지거나 해로운 물질에 물듦.

適用 ＊ 適切 ＊ 點檢 ＊ 菜蔬 ＊ 態度
討論 ＊ 把握 ＊ 判斷 ＊ 恒常 ＊ 活用

📍 한글로 된 가사를 노래로 부르면 한자어의 뜻이 쉽게 이해돼요.

맞 을 적 에	쓸 용 하 면	맞 추 어 씀	적 용 이 고
맞 을 적 에	끊 을 절 은	꼭 알 맞 다	적 절 이 며
점 점 에 다	검 사 할 검	낱 낱 검 사	점 검 이 고
나 물 채 에	푸 성 귀 소	밭 서 가 꾼	채 소 이 며
모 양 태 에	법 도 도 는	몸 의 자 세	태 도 이 고
칠 토 에 다	말 할 론 은	의 견 논 의	토 론 이 며
잡 을 파 에	쥘 악 이 면	본 질 이 해	파 악 이 고
판 단 할 판	끊 을 단 은	판 가 름 한	판 단 이 며
항 상 항 에	항 상 상 은	변 함 없 는	항 상 이 고
이 리 저 리	이 용 잘 한	살 활 쓸 용	활 용 이 다

📍 이제는 한자로 쓰인 한자어 가사도 쉽게 읽을 수 있어요~~^^

맞 을 適 에	쓸 用 하 면	맞 추 어 씀	適 用 이 고
맞 을 適 에	끊 을 切 은	꼭 알 맞 다	適 切 이 며
點 點 에 다	檢 查 할 檢	낱 낱 檢 查	點 檢 이 고
나 물 菜 에	푸 성 귀 蔬	밭 서 가 꾼	菜 蔬 이 며
模 樣 態 에	法 度 度 는	몸 의 姿 勢	態 度 이 고
칠 討 에 다	말 할 論 은	意 見 論 議	討 論 이 며
잡 을 把 에	쥘 握 이 면	本 質 理 解	把 握 이 고
判 斷 할 判	끊 을 斷 은	판 가 름 한	判 斷 이 며
恒 常 恒 에	恒 常 常 은	變 함 없 는	恒 常 이 고
이 리 저 리	利 用 잘 한	살 活 쓸 用	活 用 이 다

適 用　적용

適　맞을　적 ＋ 用　쓸　용 ＝ 適用

알맞게[適] 쓰는[用] 것이 適用이다.

알맞게 이용하거나 맞추어 씀.

❀ 다음 빈칸에 한자어의 독음과 한자의 훈음을 예쁘게 써 보세요.

| 適用 | | / | 適 | | ＋ | 用 | |

법은 모든 국민에게 똑같이 適用 되어야 한다.

| 適 | 用 | 適 | 用 | | | | | | |

適 切　적절

適　맞을　적 ＋ 切　끊을　절 ＝ 適切

알맞게[適] 끊어지는[切] 것이 適切이다.

정도나 기준에 꼭 알맞음.

❀ 다음 빈칸에 한자어의 독음과 한자의 훈음을 예쁘게 써 보세요.

| 適切 | | / | 適 | | ＋ | 切 | |

가족들이 함께 보기에 適切한 티브이 프로그램이 적은 것 같다.

| 適 | 切 | 適 | 切 | | | | | | |

點 檢　점검

點　점　점　+　檢　검사할　검　=　點檢

점[點]을 찍으면서 검사하는[檢] 것이 點檢이다.

낱낱이 검사함.

❀ 다음 빈칸에 한자어의 독음과 한자의 훈음을 예쁘게 써 보세요.

點檢 [　] / 點 [　] + 檢 [　]

단체 여행을 할 때에는 인원 點檢을 철저히 해야 한다.

點	檢	點	檢				

菜 蔬　채소

菜　나물　채　+　蔬　푸성귀　소　=　菜蔬

나물[菜]이나 푸성귀[蔬]가 菜蔬이다.

밭에서 가꾸는 온갖 푸성귀.

❀ 다음 빈칸에 한자어의 독음과 한자의 훈음을 예쁘게 써 보세요.

菜蔬 [　] / 菜 [　] + 蔬 [　]

菜蔬로 만든 반찬을 먹어야 우리 몸이 건강합니다.

菜	蔬	菜	蔬				

態 度 태도

態 모양 태 + 度 법도 도 = 態度

법도[度]에 따른 모양새[態]가 態度이다.

몸의 동작이나 몸을 가누는 모양새.

❀ 다음 빈칸에 한자어의 독음과 한자의 훈음을 예쁘게 써 보세요.

態度 [　　] / 態 [　　] + 度 [　　]

나는 수업 態度가 바르다고 선생님께 칭찬을 받았다.

態	度	態	度						

討 論 토론

討 칠 토 + 論 말할 론 = 討論

토의[討]하고 의논[論]하는 것이 討論이다.

어떤 문제에 대하여 여러 사람이 각각 의견을 말하며 논의함.

❀ 다음 빈칸에 한자어의 독음과 한자의 훈음을 예쁘게 써 보세요.

討論 [　　] / 討 [　　] + 論 [　　]

회의실에서는 열띤 討論이 벌어지고 있다.

討	論	討	論						

把 握   파악

把 잡을 파 + 握 쥘 악 = 把握

잡고[把] 쥐어서[握] 확실하게 알아내는 것이 把握이다.

어떤 대상의 내용이나 본질을 확실하게 이해하여 앎.

❀ 다음 빈칸에 한자어의 독음과 한자의 훈음을 예쁘게 써 보세요.

把握 [　] / 把 [　] + 握 [　]

글을 읽을 때에는 주제를 먼저 把握하는 것이 필요하다.

把	握	把	握						

判 斷   판단

判 판단할 판 + 斷 끊을 단 = 判斷

판단하여[判] 끊어내는[斷] 것이 判斷이다.

사물을 인식하여 논리나 기준 등에 따라 판정을 내림.

❀ 다음 빈칸에 한자어의 독음과 한자의 훈음을 예쁘게 써 보세요.

判斷 [　] / 判 [　] + 斷 [　]

단 한 번의 判斷 착오가 이렇게 엄청난 결과를 가져올 줄 몰랐다.

判	斷	判	斷						

恒 常 항상

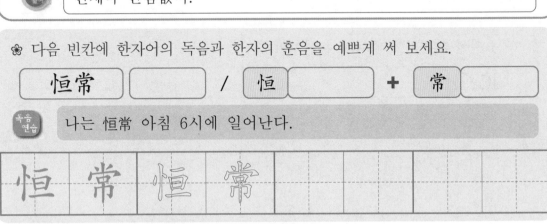

恒 항상 **항** + 常 항상 **상** = 恒常

함께 외워요 : 항상[恒] 항상[常] 변함없는 것이 恒常이다.

25권 풀이 : 언제나 변함없이.

❀ 다음 빈칸에 한자어의 독음과 한자의 훈음을 예쁘게 써 보세요.

恒常 [　　] / 恒 [　　] + 常 [　　]

독음연습 : 나는 恒常 아침 6시에 일어난다.

恒 常 恒 常

活 用 활용

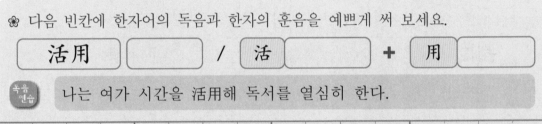

活 살 **활** + 用 쓸 **용** = 活用

함께 외워요 : 잘 살려[活] 이용[用]하는 것이 活用이다.

가꿔 풀이 : 충분히 잘 이용함.

❀ 다음 빈칸에 한자어의 독음과 한자의 훈음을 예쁘게 써 보세요.

活用 [　　] / 活 [　　] + 用 [　　]

독음연습 : 나는 여가 시간을 活用해 독서를 열심히 한다.

活 用 活 用

1. 다음 □□안에 알맞은 한자어를 <보기>에서 찾아 써 보세요.

보기	態度 菜蔬 適用 討論 把握 活用 適切 點檢 判斷 恒常

맞 을 적 에	쓸 용 하 면	맞 추 어 씀		이 고
맞 을 적 에	끊 을 절 은	꼭 알 맞 다		이 며
점 점 에 다	검 사 할 검	낱 낱 검 사		이 고
나 물 채 에	푸 성 귀 소	밭 서 가 꾼		이 며
모 양 태 에	법 도 도 는	몸 의 자 세		이 고
칠 토 에 다	말 할 론 은	의 견 논 의		이 며
잡 을 파 에	쥘 악 이 면	본 질 이 해		이 고
판 단 할 판	끊 을 단 은	판 가 름 한		이 며
항 상 항 에	항 상 상 은	변 함 없 는		이 고
이 리 저 리	이 용 잘 한	살 활 쓸 용		이 다

2. 다음 한자어의 뜻을 써 보세요.

① 適用 _____

② 適切 _____

③ 點檢 _____

④ 菜蔬 _____

⑤ 態度 _____

⑥ 討論 _____

⑦ 把握 _____

⑧ 判斷 _____

⑨ 恒常 _____

⑩ 活用 _____

3. 다음 한자어의 독음을 쓰고, 한자를 예쁘게 써 보세요.

①	適用		適	用	適	用	
②	適切		適	切	適	切	
③	點檢		點	檢	點	檢	
④	菜蔬		菜	蔬	菜	蔬	
⑤	態度		態	度	態	度	
⑥	討論		討	論	討	論	
⑦	把握		把	握	把	握	
⑧	判斷		判	斷	判	斷	
⑨	恒常		恒	常	恒	常	
⑩	活用		活	用	活	用	

4. 다음 한자어에 독음과 알맞은 뜻을 바르게 연결하세요.

① 點檢 • • 태도 • • 밭에서 가꾸는 온갖 푸성귀.

② 菜蔬 • • 채소 • • 낱낱이 검사함.

③ 態度 • • 점검 • • 몸의 동작이나 몸을 가누는 모양새.

④ 討論 • • 파악 • • 어떤 문제에 대하여 여러 사람이 각각 의견을 말하며 논의함.

⑤ 把握 • • 토론 • • 어떤 대상의 내용이나 본질을 확실하게 이해하여 앎.

수학

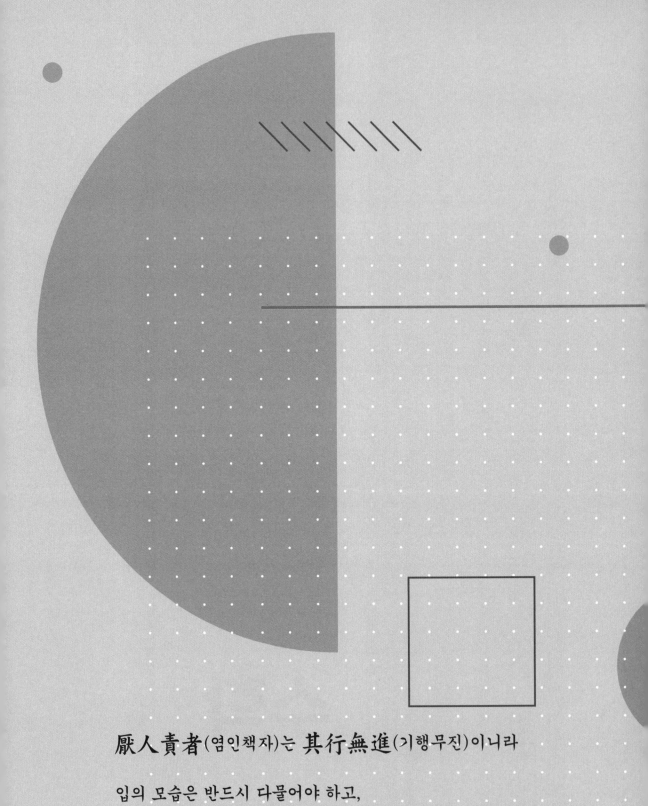

厭人責者(염인책자)는 其行無進(기행무진)이니라

입의 모습은 반드시 다물어야 하고,
소리내는 모습은 반드시 고요하게 하라. 《인성보감》

家族 ＊ 各各 ＊ 簡單 ＊ 計算 ＊ 苦悶
公園 ＊ 關係 ＊ 規則 ＊ 帶分數 ＊ 對應

📍 한글로 된 가사를 노래로 부르면 한자어의 뜻이 쉽게 이해돼요.

집 가 에 다	겨 레 족 은	부 부 자 녀	가 족 이 고
각 각 각 과	각 각 각 은	따 로 따 로	각 각 이 며
대 쪽 간 에	홀 단 하 면	단 순 간 략	간 단 이 고
수 를 셈 해	값 을 치 룰	셀 계 셀 산	계 산 이 며
괴 로 울 고	번 민 할 민	애 를 태 움	고 민 이 고
공 평 할 공	동 산 원 은	놀 이 동 산	공 원 이 며
빗 장 관 에	맬 계 하 면	서 로 걸 림	관 계 이 고
법 규 에 다	법 칙 칙 은	정 한 법 칙	규 칙 이 며
띠 대 하 고	나 눌 분 에	셈 수 하 면	대 분 수 고
대 할 대 에	응 할 응 은	짝 이 되 는	대 응 이 다

📍 이제는 한자로 쓰인 한자어 가사도 쉽게 읽을 수 있어요~~^^

집 家 에 다	겨 레 族 은	夫 婦 子 女	家 族 이 고
各 各 各 과	各 各 各 은	따 로 따 로	各 各 이 며
대 쪽 間 에	홀 單 하 면	單 純 簡 略	簡 單 이 고
數 를 셈 해	값 을 치 룰	셀 計 셀 算	計 算 이 며
괴 로 울 苦	繁 悶 할 悶	애 를 태 움	苦 悶 이 고
公 平 할 公	동 산 園 은	놀 이 동 산	公 園 이 며
빗 장 關 에	맬 係 하 면	서 로 걸 림	關 係 이 고
法 規 에 다	法 則 則 은	定 한 法 則	規 則 이 며
띠 帶 하 고	나 눌 分 에	셈 數 하 면	帶 分 數 고
對 할 對 에	應 할 應 은	짝 이 되 는	對 應 이 다

家 族　가족

家 집 가 + 族 겨레 족 = 家族

(암기비법) 집안[家]의 겨레붙이[族]가 家族이다.

(사전풀이) 주로 부부를 중심으로 한, 친족 관계에 있는 사람들의 집단.

✿ 다음 빈칸에 한자어의 독음과 한자의 훈음을 예쁘게 써 보세요.

家族 [　　] / 家 [　　] + 族 [　　]

(독음연습) 우리 家族은 저녁 식사만큼은 함께 하려고 노력한다.

家	族	家	族						

各 各　각각

各 각각 각 + 各 각각 각 = 各各

(암기비법) 각각[各]이고 각각[各]이니 各各이다.

(사전풀이) 사람이나 물건의 하나하나.

✿ 다음 빈칸에 한자어의 독음과 한자의 훈음을 예쁘게 써 보세요.

各各 [　　] / 各 [　　] + 各 [　　]

(독음연습) 인사가 끝난 후 우리는 各各 제 자리로 갔다.

各	各	各	各						

簡 單 　간단

簡 　대쪽　간 ＋ 單 　홑　단 ＝ 簡單

암기비법 간략[簡]하고 단순[單]하니 簡單이다.

사전풀이 단순하고 간략하다.

❀ 다음 빈칸에 한자어의 독음과 한자의 훈음을 예쁘게 써 보세요.

簡單 　　　　　／ 簡 　　　　　＋ 單 　　　　

독음연습 우리 학교에 대해서 簡單하게 소개합니다.

簡	單	簡	單					

計 　算 　계산

計 　셀　계 ＋ 算 　셀　산 ＝ 計算

암기비법 수를 세어서[計] 헤아리는[算] 것이 計算이다.

사전풀이 주어진 수나 식을 연산의 법칙에 따라 처리하여 수치를 구함.

❀ 다음 빈칸에 한자어의 독음과 한자의 훈음을 예쁘게 써 보세요.

計算 　　　　　／ 計 　　　　　＋ 算 　　　　

독음연습 다음의 수를 計算하여 알맞은 답을 쓰시오.

計	算	計	算					

苦悶 고민

苦 괴로울 고 + 悶 번민할 민 = 苦悶

괴로워[苦]하고 번민하는[悶] 것이 苦悶이다.

마음속으로 괴로워하고 애를 태움.

✿ 다음 빈칸에 한자어의 독음과 한자의 훈음을 예쁘게 써 보세요.

苦悶 [　] / 苦 [　] + 悶 [　]

나는 苦悶을 친구에게 털어 놓았다.

苦	悶	苦	悶				

公園 공원

公 공평할 공 + 園 동산 원 = 公園

여러 사람[公]이 쉬는 동산[園]이 公園이다.

여러 사람이 쉬거나 즐길 수 있도록 마련된 정원이나 동산.

✿ 다음 빈칸에 한자어의 독음과 한자의 훈음을 예쁘게 써 보세요.

公園 [　] / 公 [　] + 園 [　]

저녁마다 집 앞 公園에서 걷기 운동을 한다.

公	園	公	園				

關 係 　관계

關 　빗장　관　+　係 　맬　계　=　關係

빗장[關]처럼 매어[係]있는 것이 關係이다.

둘 또는 여러 대상이 서로 연결되어 얽혀 있음.

※ 다음 빈칸에 한자어의 독음과 한자의 훈음을 예쁘게 써 보세요.

| 關係 | | / | 關 | | + | 係 | |

그는 친구 關係가 참 좋은 것 같다.

| 關 | 係 | 關 | 係 | | | | | | |

規 則 　규칙

規 　법　규　+　則 　법칙　칙　=　規則

법[規]이나 법칙[則]이 規則이다.

다 함께 지키기로 정한 사항이나 법칙.

※ 다음 빈칸에 한자어의 독음과 한자의 훈음을 예쁘게 써 보세요.

| 規則 | | / | 規 | | + | 則 | |

規則적인 생활은 정신과 육체를 건강하게 한다.

| 規 | 則 | 規 | 則 | | | | | | |

帶分數 대분수

帶 띠 대 + 分 나눌 분 + 數 셈 수 = 帶分數

자연수를 띠[帶]처럼 차고 있는 분수[分數]가 帶分數이다.

정수와 진분수의 합으로 이루어진 수. $2\frac{1}{4}$ 따위를 이른다.

❀ 다음 빈칸에 한자어의 독음과 한자의 훈음을 예쁘게 써 보세요.

帶分數 [ ] / 帶 [ ] + 分 [ ] + 數 [ ]

다음의 帶分數를 가분수로 고쳐봅시다.

帶	分	數	帶	分	數				

對 應 대응

對 대할 대 + 應 응할 응 = 對應

대하여[對] 응하는[應] 것이 對應이다.

어떤 일이나 사태에 나름대로의 태도나 행동을 취함.

❀ 다음 빈칸에 한자어의 독음과 한자의 훈음을 예쁘게 써 보세요.

對應 [ ] / 對 [ ] + 應 [ ]

두 집합의 원소끼리 짝을 이루는 일을 對應이라고 한다.

對	應	對	應						

1. 다음 □□안에 알맞은 한자어를 <보기>에서 찾아 써 보세요.

보기	帶分數 公園 規則 簡單 計算 苦悶 家族 關係 對應 各各

집 가 에 다	겨 레 족 은	부 부 자 녀		이 고
각 각 각 과	각 각 각 은	따 로 따 로		이 며
대 쪽 간 에	홑 단 하 면	단 순 간 략		이 고
수 를 셈 해	값 을 치 룬	셀 계 셀 산		이 며
괴 로 울 고	번 민 할 민	애 를 태 움		이 고
공 평 할 공	동 산 원 은	놀 이 동 산		이 며
빗 장 관 에	맬 계 하 면	서 로 걸 림		이 고
법 규 에 다	법 칙 칙 은	정 한 법 칙		이 며
띠 대 하 고	나 눌 분 에	셈 수 하 면		고
대 할 대 에	응 할 응 은	짝 이 되 는		이 다

2. 다음 한자어의 뜻을 써 보세요.

① 家族 _____

② 各各 _____

③ 簡單 _____

④ 計算 _____

⑤ 苦悶 _____

⑥ 公園 _____

⑦ 關係 _____

⑧ 規則 _____

⑨ 帶分數 _____

⑩ 對應 _____

3. 다음 한자어의 독음을 쓰고, 한자를 예쁘게 써 보세요.

①	家族		家	族	家	族		
②	各各		各	各	各	各		
③	簡單		簡	單	簡	單		
④	計算		計	算	計	算		
⑤	苦悶		苦	悶	苦	悶		
⑥	公園		公	園	公	園		
⑦	關係		關	係	關	係		
⑧	規則		規	則	規	則		
⑨	帶分數		帶	分	數	帶	分	數
⑩	對應		對	應	對	應		

4. 다음 한자어에 독음과 알맞은 뜻을 바르게 연결하세요.

① 簡單 • • 관계 • • 단순하고 간략하다.

② 苦悶 • • 간단 • • 둘 또는 여러 대상이 서로 연결되어 얽혀 있음.

③ 關係 • • 고민 • • 다 함께 지키기로 정한 사항이나 법칙.

④ 規則 • • 대응 • • 마음속으로 괴로워하고 애를 태움.

⑤ 對應 • • 규칙 • • 어떤 일이나 사태에 나름대로의 태도나 행동을 취함.

圖形 * 同生 * 模樣 * 問題 * 方法
補充 * 分數 * 比較 * 箱子 * 數字

📍 한글로 된 가사를 노래로 부르면 한자어의 뜻이 쉽게 이해돼요.

그 림 도 에	모 양 형 은	그 림 모 양	도 형 이 고
한 가 지 동	날 생 으 로	나 이 적 은	동 생 이 며
모 양 모 에	모 양 양 은	걸 의 생 김	모 양 이 고
물 을 문 에	표 제 제 는	해 답 필 요	문 제 이 며
목 적 달 성	방 식 수 단	모 방 법 법	방 법 이 고
기 울 보 에	채 울 충 은	채 워 보 탬	보 충 이 며
나 눌 분 에	셈 수 하 면	정 수 나 눈	분 수 이 고
견 줄 비 에	견 줄 교 는	견 준 다 는	비 교 이 며
상 자 상 에	물 건 자 는	물 건 담 는	상 자 이 고
셈 수 에 다	글 자 자 는	수 의 글 자	숫 자 이 다

📍 이제는 한자로 쓰인 한자어 가사도 쉽게 읽을 수 있어요~~^ ^

그림 圖 에	模 樣 形 은	그 림 模 樣	圖 形 이 고
한 가 지 同	날 生 으 로	나 이 적 은	同 生 이 며
模 樣 模 에	模 樣 樣 은	걸 의 생 김	模 樣 이 고
물 을 問 에	表 題 題 는	解 答 必 要	問 題 이 며
目 的 達 成	方 式 手 段	모 方 법 法	方 法 이 고
기 울 補 에	채 울 充 은	채 워 보 탬	補 充 이 며
나 눌 分 에	셈 數 하 면	整 數 나 눈	分 數 이 고
견 줄 比 에	견 줄 較 는	견 준 다 는	比 較 이 며
箱 子 箱 에	物 件 子 는	物 件 담 는	箱 子 이 고
셈 數 에 다	글 자 字 는	數 의 글 자	數 字 이 다

圖形 도형

圖 그림 도 + 形 모양 형 = 圖形

그림[圖]의 모양[形]이 圖形이다.

점, 선, 면 따위가 모여 이루어진 사각형이나 원, 구 따위의 것.

❀ 다음 빈칸에 한자어의 독음과 한자의 훈음을 예쁘게 써 보세요.

| 圖形 | | / | 圖 | | + | 形 | |

이 그림에는 이해할 수 없는 圖形들로 가득 채워졌다.

| 圖 | 形 | 圖 | 形 | | | | | | |

同生 동생

同 한가지 동 + 生 날 생 = 同生

한[同] 부모에게서 태어나[生] 나이 적은 사람이 同生이다.

같은 부모에게서 태어난 자식 가운데 나이가 적은 사람.

❀ 다음 빈칸에 한자어의 독음과 한자의 훈음을 예쁘게 써 보세요.

| 同生 | | / | 同 | | + | 生 | |

나는 同生과 함께 라면을 끓여 먹었다.

| 同 | 生 | 同 | 生 | | | | | | |

模 樣 　모양

模 　모양 모 ＋ 樣 　모양 양 ＝ 　模樣

모양[模]의 모양[樣]이 模樣이다.

겉으로 나타나는 생김새나 모습.

❀ 다음 빈칸에 한자어의 독음과 한자의 훈음을 예쁘게 써 보세요.

模樣 　　 ／ 模 　　 ＋ 樣 　　

신장에는 여러 가지 模樣의 신발이 놓여 있다.

模	樣	模	樣					

問 題 　문제

問 　물을 문 ＋ 題 　제목 제 ＝ 　問題

물어보는[問] 제목[題]이 問題이다.

해답을 요구하는 물음.

❀ 다음 빈칸에 한자어의 독음과 한자의 훈음을 예쁘게 써 보세요.

問題 　　 ／ 問 　　 ＋ 題 　　

다음 글을 읽고 問題를 잘 풀어보세요.

問	題	問	題					

方 法　방법

方 모 방 + 法 법 법 = 方法

방식[方]이나 법[法]이 方法이다.

목적을 달성하기 위해 취하는 방식이나 수단.

❀ 다음 빈칸에 한자어의 독음과 한자의 훈음을 예쁘게 써 보세요.

方法 ⬚ / 方 ⬚ + 法 ⬚

어머니는 새로 산 세탁기 사용 方法을 몰라 나에게 물어보셨다.

方	法	方	法						

補 充　보충

補 기울 보 + 充 채울 충 = 補充

기워서[補] 채우는[充] 것이 補充이다.

모자라는 것을 보태어 채움.

❀ 다음 빈칸에 한자어의 독음과 한자의 훈음을 예쁘게 써 보세요.

補充 ⬚ / 補 ⬚ + 充 ⬚

나는 이번 방학 때 부족한 과목을 補充할 계획을 세웠다.

補	充	補	充						

分 數 분수

| 分 | 나눌 분 | + | 數 | 셈 수 | = | 分數 |

정수[數]를 다른 정수로 나눈[分] 몫을 나타낸 것이 分數이다.

어떤 정수를 0이 아닌 다른 정수로 나눈 몫을 나타낸 것.

❀ 다음 빈칸에 한자어의 독음과 한자의 훈음을 예쁘게 써 보세요.

| 分數 | | / | 分 | | + | 數 | |

독음연습 마지막 分數 계산에서 분모와 분자를 헷갈려서 틀렸다.

| 分 | 數 | 分 | 數 | | | | | |

比 較 비교

| 比 | 견줄 비 | + | 較 | 견줄 교 | = | 比較 |

견주어[比] 살피는[較] 것이 比較이다.

둘 이상의 것을 견주어 공통점이나 차이점, 우열을 살핌.

❀ 다음 빈칸에 한자어의 독음과 한자의 훈음을 예쁘게 써 보세요.

| 比較 | | / | 比 | | + | 較 | |

독음연습 어머니의 자식에 대한 헌신적 사랑은 그 무엇과도 比較할 수 없다.

| 比 | 較 | 比 | 較 | | | | | |

箱 子　상자

箱　상자　상　+　子　물건　자　=　箱子

상자[箱]라는 물건[子]이 箱子이다.

나무, 대, 종이 같은 것으로 만든 네모난 그릇.

❀ 다음 빈칸에 한자어의 독음과 한자의 훈음을 예쁘게 써 보세요.

箱子　　　　/　箱　　　+　子

나는 놀고 난 뒤 장난감을 箱子에 넣어 두었다.

箱	子	箱	子						

數 字　숫자

數　셈　수　+　字　글자　자　=　數字

수[數]를 나타내는 글자[字]가 數字이다.

수를 나타내는 글자.

❀ 다음 빈칸에 한자어의 독음과 한자의 훈음을 예쁘게 써 보세요.

數字　　　　/　數　　　+　字

수학시간에는 數字카드놀이를 하면서 공부합니다.

數	字	數	字						

▶▶▶

1. 다음 □□안에 알맞은 한자어를 <보기>에서 찾아 써 보세요.

數字 比較 補充 問題 同生 箱子 模樣 圖形 分數 方法

그 림 도 에	모 양 형 은	그 림 모 양	이 고
한 가 지 동	날 생 으 로	나 이 적 은	이 며
모 양 모 에	모 양 양 은	겉 의 생 김	이 고
물 을 문 에	표 제 제 는	해 답 필 요	이 며
목 적 달 성	방 식 수 단	모 방 법 법	이 고
기 울 보 에	채 울 충 은	채 워 보 탬	이 며
나 눌 분 에	셈 수 하 면	정 수 나 눈	이 고
견 줄 비 에	견 줄 교 는	견 준 다 는	이 며
상 자 상 에	물 건 자 는	물 건 담 는	이 고
셈 수 에 다	글 자 자 는	수 의 글 자	이 다

2. 다음 한자어의 뜻을 써 보세요.

① 圖形 [   ]   ⑥ 補充 [   ]

② 同生 [   ]   ⑦ 分數 [   ]

③ 模樣 [   ]   ⑧ 比較 [   ]

④ 問題 [   ]   ⑨ 箱子 [   ]

⑤ 方法 [   ]   ⑩ 數字 [   ]

3. 다음 한자어의 독음을 쓰고, 한자를 예쁘게 써 보세요.

① 圖形

② 同生

③ 模樣

④ 問題

⑤ 方法

⑥ 補充

⑦ 分數

⑧ 比較

⑨ 箱子

⑩ 數字

4. 다음 한자어에 독음과 알맞은 뜻을 바르게 연결하세요.

① 補充 ・ ・ 도형 ・ ・ 모자라는 것을 보태어 채움.

② 圖形 ・ ・ 보충 ・ ・ 점, 선, 면 따위가 모여 이루어진 사각형이나 원, 구 따위의 것.

③ 模樣 ・ ・ 비교 ・ ・ 둘 이상의 것을 견주어 공통점이나 차이점, 우열을 살핌.

④ 比較 ・ ・ 모양 ・ ・ 해답을 요구하는 물음.

⑤ 問題 ・ ・ 문제 ・ ・ 겉으로 나타나는 생김새나 모습.

📍 한글로 된 가사를 노래로 부르면 한자어의 뜻이 쉽게 이해돼요.

셈 수 하 여	배 울 학 은	숫 자 학 문	수 학 이 고
때 시 에 다	사 이 간 은	때 의 사 이	시 간 이 며
뮤 을 약 에	셈 수 하 면	나 눈 정 수	약 수 이 고
부 릴 역 에	나 눌 할 은	맡 은 바 일	역 할 이 며
펼 연 하 고	연 극 극 은	무 대 예 술	연 극 이 고
더 을 열 에	마 음 심 은	온 맘 쏟 는	열 심 이 며
완 전 할 완	이 룰 성 은	완 전 이 룸	완 성 이 고
스 스 로 자	그 럴 연 에	셈 수 하 면	자 연 수 니
온 전 할 전	몸 체 하 면	모 든 집 합	전 체 이 고
점 점 하 여	줄 선 되 면	점 이 은 선	점 선 이 다

📍 이제는 한자로 쓰인 한자어 가사도 쉽게 읽을 수 있어요~~^^

셈 數 하 여	배 울 學 은	數 字 學 文	數 學 이 고
때 時 에 다	사 이 間 은	때 의 사 이	時 間 이 며
뮤 을 約 에	셈 數 하 면	나 눈 整 數	約 數 이 고
부 릴 役 에	나 눌 割 은	맡 은 바 일	役 割 이 며
펼 演 하 고	演 劇 劇 은	舞 臺 藝 術	演 劇 이 고
더 을 熱 에	마 음 心 은	온 맘 쏟 는	熱 心 이 며
完 全 할 完	이 룰 成 은	完 全 이 룸	完 成 이 고
스 스 로 自	그 럴 然 에	셈 數 하 면	自 然 數 니
穩 全 할 全	몸 體 하 면	모 든 集 合	全 體 이 고
點 點 하 여	줄 線 되 면	點 이 은 線	點 線 이 다

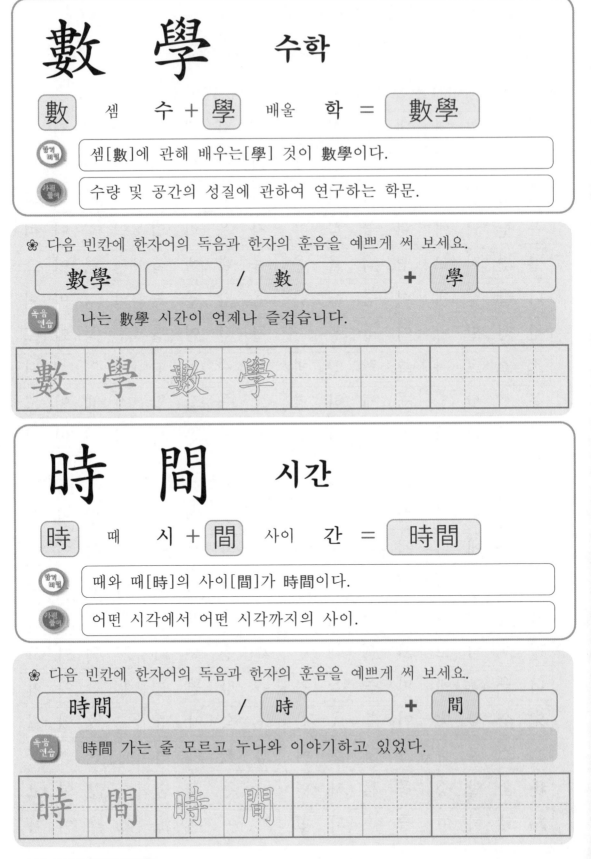

數 學 수학

數 셈 수 + 學 배울 학 = 數學

셈[數]에 관해 배우는[學] 것이 數學이다.

수량 및 공간의 성질에 관하여 연구하는 학문.

✿ 다음 빈칸에 한자어의 독음과 한자의 훈음을 예쁘게 써 보세요.

數學 [　　] / 數 [　　] + 學 [　　]

나는 數學 시간이 언제나 즐겁습니다.

數	學	數	學				

時 間 시간

時 때 시 + 間 사이 간 = 時間

때와 때[時]의 사이[間]가 時間이다.

어떤 시각에서 어떤 시각까지의 사이.

✿ 다음 빈칸에 한자어의 독음과 한자의 훈음을 예쁘게 써 보세요.

時間 [　　] / 時 [　　] + 間 [　　]

時間 가는 줄 모르고 누나와 이야기하고 있었다.

時	間	時	間				

約 數　약수

約 맺을 약 + 數 셈 수 = 約數

약속[約]한 수[數]가 約數이다.

어떤 정수를 나머지 없이 나눌 수 있는 정수를 원래의 수에 대하여 이르는 말.

❀ 다음 빈칸에 한자어의 독음과 한자의 훈음을 예쁘게 써 보세요.

約數 [　] / 約 [　] + 數 [　]

독음
연습

約	數	約	數					

役 割　역할

役 부릴 역 + 割 나눌 할 = 役割

자기에게 나누어진[割] 일[役]이 役割이다.

일정한 자격으로 자신이 하여야 할 맡은 바의 일.

❀ 다음 빈칸에 한자어의 독음과 한자의 훈음을 예쁘게 써 보세요.

役割 [　] / 役 [　] + 割 [　]

독음
연습　우리는 각자의 役割에 최선을 다하기로 다짐을 하였다.

役	割	役	割					

演 劇 연극

演 펼 연 + 劇 연극 극 = 演劇

(발기 메뭐) 펼쳐 보이는[演] 극[劇]이 演劇이다.

(사전 풀이) 배우가 각본에 따라 말과 동작으로 관객에게 보여 주는 무대 예술.

❀ 다음 빈칸에 한자어의 독음과 한자의 훈음을 예쁘게 써 보세요.

演劇 [ ] / 演 [ ] + 劇 [ ]

(독음 연습) 演劇의 삼요소는 희곡, 배우, 관객이다.

演	劇	演	劇					

熱 心 열심

熱 더울 열 + 心 마음 심 = 熱心

(발기 메뭐) 더운[熱] 마음[心]으로 하는 것이 熱心이다.

(사전 풀이) 어떤 일에 온 정성을 다하여 골똘하게 힘씀.

❀ 다음 빈칸에 한자어의 독음과 한자의 훈음을 예쁘게 써 보세요.

熱心 [ ] / 熱 [ ] + 心 [ ]

(독음 연습) 누나는 영어 회화공부에 그렇게 熱心일 수가 없다.

熱	心	熱	心					

完 成　완성

完 완전할 완 + 成 이룰 성 = 完成

완전하게[完] 이루어[成]내는 것이 完成이다.

어떤 일을 다 이루어 완전한 것으로 만듦.

❀ 다음 빈칸에 한자어의 독음과 한자의 훈음을 예쁘게 써 보세요.

| 完成 | | / | 完 | | + | 成 | |

우리 모둠은 힘을 합쳐서 학급 문집을 完成했다.

完	成	完	成					

自 然 數　자연수

自 스스로 자 + 然 그럴 연 + 數 셈 수 = 自然數

자연[自然]의 수[數]가 自然數이다.

양(陽)의 정수(整數).

❀ 다음 빈칸에 한자어의 독음과 한자의 훈음을 예쁘게 써 보세요.

| 自然數 | | / | 自 | | + 然 | | + 數 | |

두 개 이상의 自然數에 공통인 약수를 공약수라고 한다.

自	然	數	自	然	數			

全 體 　전체

全 온전할 전 + 體 몸 체 = 全體

온전한[全] 몸[體] 덩어리가 **全體**이다.

여러 요소들로 이루어진 것의 온 덩어리.

❀ 다음 빈칸에 한자어의 독음과 한자의 훈음을 예쁘게 써 보세요.

| 全體 | | / | 全 | | + | 體 | |

한 면만 보지 말고 全體를 살펴야 한다.

全	體	全	體						

點 線 　점선

點 점 점 + 線 줄 선 = 點線

점[點]을 줄지어 찍어서 된 선[線]이 **點線**이다.

점을 줄지어 찍어서 된 선.

❀ 다음 빈칸에 한자어의 독음과 한자의 훈음을 예쁘게 써 보세요.

| 點線 | | / | 點 | | + | 線 | |

다음 點線을 따라서 그림을 그려 보세요.

點	線	點	線						

1. 다음 ▢▢안에 알맞은 한자어를 <보기>에서 찾아 써 보세요.

보기	數學 全體 完成 演劇 新聞 時間 點線 自然數 熱心 役割

셈 수 하 여	배 울 학 은	숫 자 학 문		이 고
때 시 에 다	사 이 간 은	때 의 사 이		이 며
묶 을 약 에	셈 수 하 면	나 눈 정 수		이 고
부 릴 역 에	나 눌 할 은	맡 은 바 일		이 며
펼 연 하 고	연 극 극 은	무 대 예 술		이 고
더 울 열 에	마 음 심 은	온 맘 쏟 는		이 며
완 전 할 완	이 룰 성 은	완 전 이 룸		이 고
스 스 로 자	그 럴 연 에	셈 수 하 면		니
온 전 할 전	몸 체 하 면	모 든 집 합		이 고
점 점 하 여	줄 선 되 면	점 이 은 선		이 다

2. 다음 한자어의 뜻을 써 보세요.

① 數學

② 時間

③ 約數

④ 役割

⑤ 演劇

⑥ 熱心

⑦ 完成

⑧ 自然數

⑨ 全體

⑩ 點線

3. 다음 한자어의 독음을 쓰고, 한자를 예쁘게 써 보세요.

	한자어	독음						
①	數學		數	學	數	學		
②	時間		時	間	時	間		
③	約數		約	數	約	數		
④	役割		役	割	役	割		
⑤	演劇		演	劇	演	劇		
⑥	熱心		熱	心	熱	心		
⑦	完成		完	成	完	成		
⑧	自然數		自	然	數	自	然	數
⑨	全體		全	體	全	體		
⑩	點線		點	線	點	線		

4. 다음 한자어에 독음과 알맞은 뜻을 바르게 연결하세요.

① 演劇 • • 역할 • • 점을 줄지어 찍어서 된 선.

② 役割 • • 연극 • • 어떤 일에 온 정성을 다하여 골똘하게 힘씀.

③ 點線 • • 접선 • • 어떤 정수를 나머지 없이 나눌 수 있는 정수를 원래의 수에 대하여 이르는 말.

④ 熱心 • • 약수 • • 일정한 자격으로 자신이 하여야 할 맡은 바의 일.

⑤ 約數 • • 열심 • • 배우가 각본에 따라 말과 동작으로 관객에게 보여 주는 무대 예술.

準備物 * 體驗 * 投票 * 評價 * 包含
標示 * 學生 * 學習 * 現場 * 活動

● 한글로 된 가사를 노래로 부르면 한자어의 뜻이 쉽게 이해돼요.

수 준 기 준	갖 출 비 에	물 건 물 의	준 비 물 과
몸 체 에 다	시 험 할 험	실 제 겪 음	체 험 으 로
던 질 투 에	표 표 하 면	선 출 의 사	투 표 하 여
평 론 할 평	값 가 이 면	가 치 평 함	평 가 하 며
쌀 포 에 다	머 금 을 함	머 금 어 싼	포 함 하 여
우 듬 지 표	보 일 시 는	외 부 보 임	표 시 하 며
배 울 학 에	날 생 하 면	배 우 는 이	학 생 들 이
배 울 학 에	익 힐 습 은	배 워 익 힌	학 습 하 여
나 타 날 현	마 당 장 은	현 재 있 는	현 장 에 서
살 활 에 다	움 직 일 동	활 발 히 함	활 동 한 다

● 이제는 한자로 쓰인 한자어 가사도 쉽게 읽을 수 있어요~~^^

水 準 器 準	갖 출 備 에	物 件 物 의	準 備 物 과
몸 體 에 다	試 驗 할 驗	實 際 겪 음	體 驗 으 로
던 질 投 에	票 票 하 면	選 出 意 思	投 票 하 여
評 論 할 評	값 價 이 면	價 值 評 함	評 價 하 며
쌀 包 에 다	머 금 을 含	머 금 어 싼	包 含 하 여
우 듬 지 標	보 일 示 는	外 部 보 임	標 示 하 며
배 울 學 에	날 生 하 면	배 우 는 이	學 生 들 이
배 울 學 에	익 힐 習 은	배 워 익 힌	學 習 하 여
나 타 날 現	마 당 場 은	現 在 있 는	現 場 에 서
살 活 에 다	움 직 일 動	活 發 히 함	活 動 한 다

準備物 준비물

準 수준기 준 + 備 갖출 비 + 物 물건 물 = 準備物

준비[準備]해야 할 물건[物]이 準備物이다.

어떤 일을 하기 위하여 미리 준비해야 할 물건.

❀ 다음 빈칸에 한자어의 독음과 한자의 훈음을 예쁘게 써 보세요.

準備物 [   ] / 準 [   ] + 備 [   ] + 物 [   ]

여행을 떠나기 전 準備物에 빠진 물건이 없는지 살펴보아라.

準	備	物	準	備	物			

體驗 체험

體 몸 체 + 驗 시험할 험 = 體驗

자기가 몸소[體] 경험[驗]한 것이 體驗이다.

어떤 일을 실제로 보고 듣고 겪음.

❀ 다음 빈칸에 한자어의 독음과 한자의 훈음을 예쁘게 써 보세요.

體驗 [   ] / 體 [   ] + 驗 [   ]

가상 공간 학습관에서 우주인 體驗을 할 수 있었다.

體	驗	體	驗					

投 票 투표

投 던질 투 + 票 표 표 = 投票

표[票]를 던져서[投] 의사를 표시하는 것이 投票이다.

선거나 가부를 결정할 때에 투표용지에 의사를 표시하여 내는 일.

❀ 다음 빈칸에 한자어의 독음과 한자의 훈음을 예쁘게 써 보세요.

投票 [　　] / 投 [　　] + 票 [　　]

우리는 반장을 뽑기 위해 후보를 추천하고 投票를 실시했다.

投	票	投	票						

評 價 평가

評 평론할 평 + 價 값 가 = 評價

평론하여[評] 값을[價] 매기는 것이 評價이다.

사람이나 사물의 가치나 수준 따위를 일정한 기준에 의해 따져 매김.

❀ 다음 빈칸에 한자어의 독음과 한자의 훈음을 예쁘게 써 보세요.

評價 [　　] / 評 [　　] + 價 [　　]

내일은 전국 초등학생 학력 評價 결과를 발표하는 날이다.

評	價	評	價						

包 含　포함

包 쌀 **포** + 含 머금을 **함** = 包含

함께 싸서[包] 있거나 머금은[含] 것이 包含이다.

함께 들어 있거나 함께 넣음.

❀ 다음 빈칸에 한자어의 독음과 한자의 훈음을 예쁘게 써 보세요.

包含 [　] / 包 [　] + 含 [　]

독음
연습

包	含	包	含						

標 示　표시

標 우듬지 **표** + 示 보일 **시** = 標示

표[標]를 하여 외부에 드러내 보이는[示] 것이 標示이다.

어떤 사항을 알리는 문구나 기호 따위를 외부에 나타내 보임.

❀ 다음 빈칸에 한자어의 독음과 한자의 훈음을 예쁘게 써 보세요.

標示 [　] / 標 [　] + 示 [　]

독음
연습
등교해보니 교실 문에는 '칠 주의'라는 標示가 붙어 있었다.

標	示	標	示						

學 生　학생

學　배울　학 ＋ 生　날　생 ＝ 學生

배우는[學] 사람[生]이 學生이다.

학예를 배우는 사람.

❀ 다음 빈칸에 한자어의 독음과 한자의 훈음을 예쁘게 써 보세요.

學生　　　　／　學　　　＋　生

學生들은 방과 후에 도서관에 남아서 공부를 했다.

學 生 學 生

學 習　학습

學　배울　학 ＋ 習　익힐　습 ＝ 學習

배워서[學] 익힘[習]이 學習이다.

배워서 익힘.

❀ 다음 빈칸에 한자어의 독음과 한자의 훈음을 예쁘게 써 보세요.

學習　　　　／　學　　　＋　習

나는 이번 방학 때 외국어 學習에 힘을 기울였다.

學 習 學 習

現 場 현장

現 나타날 현 + 場 마당 장 = 現場

실제 나타난[現] 장소[場]가 現場이다.

어떤 일이나 사건이 실제로 일어나고 있거나 일어난 곳.

❀ 다음 빈칸에 한자어의 독음과 한자의 훈음을 예쁘게 써 보세요.

現場 [ ] / 現 [ ] + 場 [ ]

작업 現場에서는 안전 수칙을 지키는 일이 무엇보다도 중요하다.

現	場	現	場						

活 動 활동

活 살 활 + 動 움직일 동 = 活動

살아서[活] 움직이는[動] 것이 活動이다.

일정한 성과를 거두기 위해 어떤 일을 활발히 함.

❀ 다음 빈칸에 한자어의 독음과 한자의 훈음을 예쁘게 써 보세요.

活動 [ ] / 活 [ ] + 動 [ ]

나는 노인회관에서 자원봉사 活動을 적극적으로 하고 있다.

活	動	活	動						

▶▶▶

1. 다음 ☐☐안에 알맞은 한자어를 <보기>에서 찾아 써 보세요.

보기   活動 學生 標示 投票 體驗 現場 學習 包含 評價 準備物

수 준 기 준	갖 출 비 에	물 건 물 의	☐☐ 물 과
몸 체 에 다	시 험 할 험	실 제 겪 음	☐☐ 으 로
던 질 투 에	표 표 하 면	선 출 의 사	☐☐ 하 여
평 론 할 평	값 가 이 면	가 치 평 함	☐☐ 하 며
쌀 포 에 다	머 금 을 함	머 금 어 싼	☐☐ 하 여
우 듬 지 표	보 일 시 는	외 부 보 임	☐☐ 하 며
배 울 학 에	날 생 하 면	배 우 는 이	☐☐ 들 이
배 울 학 에	익 힐 습 은	배 워 익 힌	☐☐ 하 여
나 타 날 현	마 당 장 은	현 재 있 는	☐☐ 에 서
살 활 에 다	움 직 일 동	활 발 히 함	☐☐ 한 다

2. 다음 한자어의 뜻을 써 보세요.

① 準備物 _____   ⑥ 標示 _____

② 體驗 _____   ⑦ 學生 _____

③ 投票 _____   ⑧ 學習 _____

④ 評價 _____   ⑨ 現場 _____

⑤ 包含 _____   ⑩ 活動 _____

3. 다음 한자어의 독음을 쓰고, 한자를 예쁘게 써 보세요.

① 準備物 [　　　] 準 備 物 準 備 物
② 體驗 [　　　] 體 驗 體 驗
③ 投票 [　　　] 投 票 投 票
④ 評價 [　　　] 評 價 評 價
⑤ 包含 [　　　] 包 含 包 含
⑥ 標示 [　　　] 標 示 標 示
⑦ 學生 [　　　] 學 生 學 生
⑧ 學習 [　　　] 學 習 學 習
⑨ 現場 [　　　] 現 場 現 場
⑩ 活動 [　　　] 活 動 活 動

4. 다음 한자어에 독음과 알맞은 뜻을 바르게 연결하세요.

① 標示　•　•　투표　•　•　어떤 사항을 알리는 문구나 기호 따위를 외부에 나타내 보임.

② 包含　•　•　표시　•　•　선거나 가부를 결정할 때에 투표용 지에 의사를 표시하여 내는 일.

③ 投票　•　•　포함　•　•　사람이나 사물의 가치나 수준 따위를 일정한 기준에 의해 따져 매김.

④ 評價　•　•　현장　•　•　함께 들어 있거나 함께 넣음.

⑤ 現場　•　•　평가　•　•　어떤 일이나 사건이 실제로 일어나 고 있거나 일어난 곳.

과학

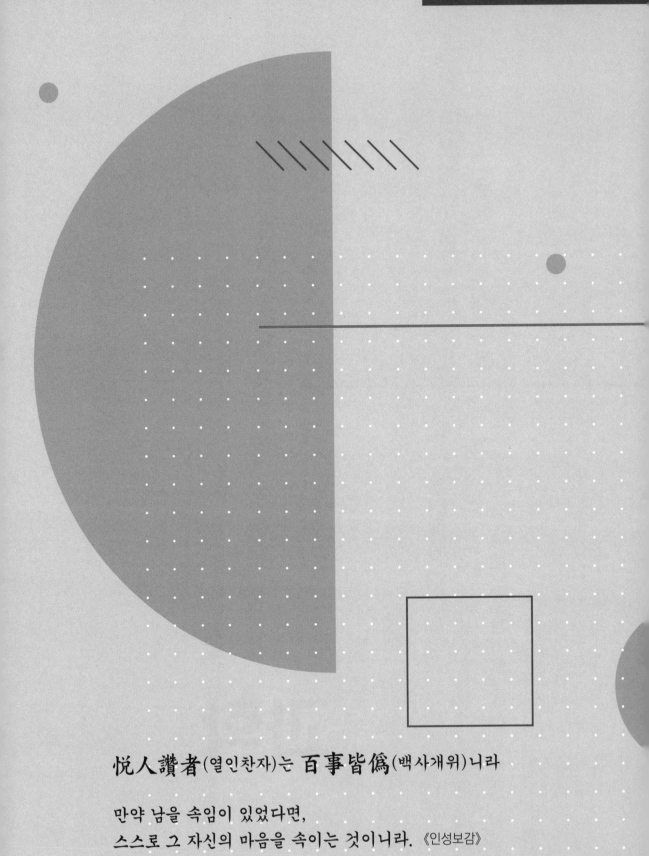

悅人讚者(열인찬자)는 百事皆僞(백사개위)니라

만약 남을 속임이 있었다면,
스스로 그 자신의 마음을 속이는 것이니라. 《인성보감》

簡易 * 結果 * 季節 * 計劃 * 空氣
科學 * 觀察 * 構成 * 器具 * 氣溫

📍 한글로 된 가사를 노래로 부르면 한자어의 뜻이 쉽게 이해돼요.

대 쪽 간 에	쉬 울 이 는	간 단 편 리	간 이 이 고
맺 을 결 에	과 실 과 는	열 매 맺 음	결 과 이 며
계 절 계 에	마 디 절 은	날 씨 따 라	계 절 이 고
꾀 계 에 다	그 을 획 은	미 리 구 상	계 획 이 며
빌 공 에 다	기 운 기 는	투 명 기 체	공 기 이 고
조 목 과 에	배 울 학 은	진 리 발 견	과 학 이 며
볼 관 하 고	살 필 찰 은	보 고 살 핌	관 찰 이 고
얽 을 구 에	이 룰 성 은	짜 서 이 룸	구 성 이 며
그 릇 기 에	갖 출 구 는	세 간 도 구	기 구 이 고
기 운 기 에	따 뜻 할 온	대 기 온 도	기 온 이 다

📍 이제는 한자로 쓰인 한자어 가사도 쉽게 읽을 수 있어요~~^^

대 쪽 簡 에	쉬 울 易 는	簡 單 便 利	簡 易 이 고
맺 을 結 에	果 實 果 는	열 매 맺 음	結 果 이 며
季 節 季 에	마 디 節 은	날 씨 따 라	季 節 이 고
꾀 計 에 다	그 을 劃 은	미 리 構 想	計 劃 이 며
빌 空 에 다	氣 運 氣 는	透 明 氣 體	空 氣 이 고
條 目 科 에	배 울 學 은	眞 理 發 見	科 學 이 며
볼 觀 하 고	살 필 察 은	보 고 살 핌	觀 察 이 고
얽 을 構 에	이 룰 成 은	짜 서 이 룸	構 成 이 며
그 릇 器 에	갖 출 具 는	세 간 道 具	器 具 이 고
氣 運 氣 에	따 뜻 할 溫	大 氣 溫 度	氣 溫 이 다

簡 易　간이

簡　대쪽　간　＋　易　쉬울　이　＝　簡易

간편[簡]하여 이용하기 쉬운[易] 것이 簡易이다.

간편하게 설비하여 이용하기 쉽게 함.

❀ 다음 빈칸에 한자어의 독음과 한자의 훈음을 예쁘게 써 보세요.

簡易　[　　]　/　簡　[　　]　＋　易　[　　]

나는 오늘 아침에 簡易 우체국에서 편지를 부쳤다.

簡	易	簡	易					

結 果　결과

結　맺을　결　＋　果　과실　과　＝　結果

과실을[果] 맺음[結]이 結果이다.

어떤 원인으로 결말이 생김. 또는 그런 결말의 상태.

❀ 다음 빈칸에 한자어의 독음과 한자의 훈음을 예쁘게 써 보세요.

結果　[　　]　/　結　[　　]　＋　果　[　　]

자기가 한 일에 대한 結果는 스스로 책임을 져야 한다.

結	果	結	果					

季 節　계절

季 계절 계 + 節 마디 절 = 季節

철마다[季] 마디로[節] 나누어 놓은 것이 季節이다.

규칙적으로 되풀이되는 자연 현상에 따라서 일 년을 구분한 것.

❀ 다음 빈칸에 한자어의 독음과 한자의 훈음을 예쁘게 써 보세요.

季節 [　] / 季 [　] + 節 [　]

가을은 독서의 季節이다.

季	節	季	節						

計 劃　계획

計 꾀 계 + 劃 그을 획 = 計劃

꾀[計]를 세워 그어놓는[劃] 것이 計劃이다.

앞으로 할 일의 절차, 방법, 규모 따위를 미리 헤아려 작정함.

❀ 다음 빈칸에 한자어의 독음과 한자의 훈음을 예쁘게 써 보세요.

計劃 [　] / 計 [　] + 劃 [　]

우리 가족은 방학 때 떠날 여행 計劃을 세웠다.

計	劃	計	劃						

空 氣 공기

空 빌 공 + 氣 기운 기 = 空氣

빈 공간[空]에 있는 기체[氣]가 空氣이다.

지구를 둘러싼 대기의 하층부를 구성하는 무색, 무취의 투명한 기체.

❀ 다음 빈칸에 한자어의 독음과 한자의 훈음을 예쁘게 써 보세요.

空氣 [　　] / 空 [　　] + 氣 [　　]

높은 산일수록 空氣가 희박하다.

空	氣	空	氣						

科 學 과학

科 조목 과 + 學 배울 학 = 科學

조목조목[科] 밝혀내는 학문[學]이 科學이다.

보편적인 진리나 법칙의 발견을 목적으로 한 체계적인 지식.

❀ 다음 빈칸에 한자어의 독음과 한자의 훈음을 예쁘게 써 보세요.

科學 [　　] / 科 [　　] + 學 [　　]

내가 제일 좋아하는 과목은 科學이다.

科	學	科	學				

觀 察 관찰

觀 볼 관 + 察 살필 찰 = 觀察

(암기비법) 보고[觀] 살피는[察] 것이 觀察이다.

(사전풀이) 사물이나 현상을 주의하여 자세히 살펴봄.

❀ 다음 빈칸에 한자어의 독음과 한자의 훈음을 예쁘게 써 보세요.

觀察 [　] / 觀 [　] + 察 [　]

(독음연습) 곤충을 세밀하게 觀察해서 기록으로 남겨 보자.

觀	察	觀	察				

構 成 구성

構 얽을 구 + 成 이룰 성 = 構成

(암기비법) 얽어[構] 짜서 이루어[成] 낸 것이 構成이다.

(사전풀이) 여러 부분이나 요소들을 얽어 짜서 체계적인 하나의 통일체로 만듦.

❀ 다음 빈칸에 한자어의 독음과 한자의 훈음을 예쁘게 써 보세요.

構成 [　] / 構 [　] + 成 [　]

(독음연습) 우리 반은 새 학기가 되어서 학급 임원진을 새롭게 構成했다.

構	成	構	成				

器 具 　기구

器 　그릇 기 ＋ 具 　갖출 구 ＝ 器具

(받기 메워) 그릇[器]을 갖추어[具] 놓은 것이 **器具**이다.

(사뜻풀이) 세간, 도구, 기계 따위를 통틀어 이르는 말.

❀ 다음 빈칸에 한자어의 독음과 한자의 훈음을 예쁘게 써 보세요.

器具 [　] / 器 [　] ＋ 具 [　]

(독음연습) 측우기는 비가 내린 양을 재는 **器具**다.

器	具	器	具						

氣 溫 　기온

氣 　기운 기 ＋ 溫 　따뜻할 온 ＝ 氣溫

(받기 메워) 대기[氣]의 온도[溫]가 **氣溫**이다.

(사뜻풀이) 대기의 온도.

❀ 다음 빈칸에 한자어의 독음과 한자의 훈음을 예쁘게 써 보세요.

氣溫 [　] / 氣 [　] ＋ 溫 [　]

(독음연습) 오늘 아침 **氣溫**이 갑자기 떨어져서 코트를 꺼내 입었다.

氣	溫	氣	溫						

▶▶▶

1. 다음 □□ 안에 알맞은 한자어를 <보기>에서 찾아 써 보세요.

簡易 結果 季節 計劃 空氣 科學 觀察 構成 器具 氣溫

대 쪽 간 에	쉬 울 이 는	간 단 편 리			이 고
맺 을 결 에	과 실 과 는	열 매 맺 음			이 며
계 절 계 에	마 디 절 은	날 씨 따 라			이 고
꾀 계 에 다	그 을 획 은	미 리 구 상			이 며
빌 공 에 다	기 운 기 는	투 명 기 체			이 고
조 목 과 에	배 울 학 은	진 리 발 견			이 며
볼 관 하 고	살 필 찰 은	보 고 살 핌			이 고
얽 을 구 에	이 룰 성 은	짜 서 이 룸			이 며
그 릇 기 에	갖 출 구 는	세 간 도 구			이 고
기 운 기 에	따 뜻 할 온	대 기 온 도			이 다

2. 다음 한자어의 뜻을 써 보세요.

① 簡易 [   ]

② 結果 [   ]

③ 季節 [   ]

④ 計劃 [   ]

⑤ 空氣 [   ]

⑥ 科學 [   ]

⑦ 觀察 [   ]

⑧ 構成 [   ]

⑨ 器具 [   ]

⑩ 氣溫 [   ]

3. 다음 한자어의 독음을 쓰고, 한자를 예쁘게 써 보세요.

①	簡易		簡	易	簡	易				
②	結果		結	果	結	果				
③	季節		季	節	季	節				
④	計劃		計	劃	計	劃				
⑤	空氣		空	氣	空	氣				
⑥	科學		科	學	科	學				
⑦	觀察		觀	察	觀	察				
⑧	構成		構	成	構	成				
⑨	器具		器	具	器	具				
⑩	氣溫		氣	溫	氣	溫				

4. 다음 한자어에 독음과 알맞은 뜻을 바르게 연결하세요.

① 簡易 • • 구성 • • 여러 부분이나 요소들을 얽어 짜서 체계적인 하나의 통일체로 만듦.

② 構成 • • 간이 • • 규칙적으로 되풀이되는 자연 현상에 따라서 일 년을 구분한 것.

③ 觀察 • • 계절 • • 간편하게 설비하여 이용하기 쉽게 함.

④ 器具 • • 기구 • • 사물이나 현상을 주의하여 자세히 살펴봄.

⑤ 季節 • • 관찰 • • 세간, 도구, 기계 따위를 통틀어 이르는 말.

氣體 * 羅針盤 * 物質 * 物體 * 發生
方向 * 變化 * 分類 * 使用 * 生活

📍 한글로 된 가사를 노래로 부르면 한자어의 뜻이 쉽게 이해돼요.

기 운 기 에	몸 체 이 면	공 기 따 위	기 체 이 고
벌 릴 나 에	바 늘 침 과	소 반 반 의	나 침 반 은
물 건 물 에	바 탕 질 은	물 체 바 탕	물 질 이 고
물 건 물 에	몸 체 하 면	형 태 가 진	물 체 이 며
어 떤 일 과	사 물 생 김	필 발 날 생	발 생 하 면
모 방 에 다	향 할 향 은	방 위 향 한	방 향 에 서
변 할 변 에	될 화 하 면	바 뀌 어 진	변 화 하 고
나 늘 분 에	무 리 류 는	종 류 나 눔	분 류 하 여
부 릴 사 에	쓸 용 하 여	부 려 쓰 는	사 용 하 며
생 계 꾸 려	살 아 나 감	날 생 살 활	생 활 한 다

📍 이제는 한자로 쓰인 한자어 가사도 쉽게 읽을 수 있어요~~^ ^

氣 運 氣 에	몸 體 이 면	空 氣 따 위	氣 體 이 고
벌 릴 羅 에	바 늘 針 과	小 盤 盤 의	羅 針 盤 은
物 件 物 에	바 탕 質 은	物 體 바 탕	物 質 이 고
物 件 物 에	몸 體 하 면	形 態 가 진	物 體 이 며
어 떤 일 과	事 物 생 김	필 發 날 生	發 生 하 면
모 方 에 다	向 할 向 은	方 位 向 한	方 向 에 서
變 할 變 에	될 化 하 면	바 뀌 어 진	變 化 하 고
나 늘 分 에	무 리 類 는	種 類 나 눔	分 類 하 여
부 릴 使 에	쓸 用 하 여	부 려 쓰 는	使 用 하 며
生 計 꾸 려	살 아 나 감	날 生 살 活	生 活 한 다

氣體　기체

氣　기운　기 ＋ 體　몸　체 ＝ 氣體

기운[氣]이 모인 몸[體]이 氣體이다.

일정한 형태가 없고 유동성이 큰 물질의 기본적인 집합 상태.

❀ 다음 빈칸에 한자어의 독음과 한자의 훈음을 예쁘게 써 보세요.

氣體　□ ／ 氣 □ ＋ 體 □

물은 섭씨 100도에서 氣體 상태로 변한다.

氣	體	氣	體				

羅針盤　나침반

羅　벌릴　나 ＋ 針　바늘　침 ＋ 盤　소반　반 ＝ 羅針盤

바늘[針]로 방향을 나타내는[羅] 소반[盤]이 羅針盤이다.

방향을 알아내는 계기의 하나.

❀ 다음 빈칸에 한자어의 독음과 한자의 훈음을 예쁘게 써 보세요.

羅針盤 □ ／ 羅 □ ＋ 針 □ ＋ 盤 □

오늘 학교에서 羅針盤 보는 법에 대해서 배웠다.

羅	針	盤	羅	針	盤		

物 質　물질

物　물건　물　＋　質　바탕　질　＝　物質

물체[物]의 바탕[質]이 物質이다.

물체를 이루는 본바탕.

❀ 다음 빈칸에 한자어의 독음과 한자의 훈음을 예쁘게 써 보세요.

物質		/	物		＋	質	

퇴적 物質이 물이 흘러가는 방향을 따라 쌓였다.

物	質	物	質						

物 體　물체

物　물건　물　＋　體　몸　체　＝　物體

물건[物]의 형체[體]가 있는 것이 物體이다.

구체적인 형태를 가지고 존재하는 물건.

❀ 다음 빈칸에 한자어의 독음과 한자의 훈음을 예쁘게 써 보세요.

物體		/	物		＋	體	

방구석에 이상한 物體가 눈에 띄었다.

物	體	物	體						

發 生　발생

發 필 발 + 生 날 생 = 發生

피어나서[發] 생겨나는[生] 것이 發生이다.

어떤 대상이나 현상이 새로 생겨남.

❀ 다음 빈칸에 한자어의 독음과 한자의 훈음을 예쁘게 써 보세요.

發生		/	發		+	生	

태풍의 發生을 미리 알아 피해를 최소화해야 한다.

發	生	發	生						

方 向　방향

方 모 방 + 向 향할 향 = 方向

어떤 방위[方]를 향한[向] 쪽이 方向이다.

어떤 곳을 향한 쪽.

❀ 다음 빈칸에 한자어의 독음과 한자의 훈음을 예쁘게 써 보세요.

方向		/	方		+	向	

시계 반대 方向으로 10바퀴 돌고 모여라.

方	向	方	向						

變 化 변화

| 變 | 변할 **변** | + | 化 | 될 **화** | = | 變化 |

변해서[變] 되어[化] 가는 것이 **變化**이다.

사물의 모양이나 성질이 바뀌어 달라짐.

❀ 다음 빈칸에 한자어의 독음과 한자의 훈음을 예쁘게 써 보세요.

| 變化 | | / | 變 | | + | 化 | |

요즘 같은 때에는 날씨의 **變化**가 심하다.

| 變 | 化 | 變 | 化 | | | | |

分 類 분류

| 分 | 나눌 **분** | + | 類 | 무리 **류** | = | 分類 |

종류대로[類] 나누는[分] 것이 **分類**이다.

사물을 종류에 따라 가름.

❀ 다음 빈칸에 한자어의 독음과 한자의 훈음을 예쁘게 써 보세요.

| 分類 | | / | 分 | | + | 類 | |

이상의 **分類**를 다음의 표로 나타내보세요.

| 分 | 類 | 分 | 類 | | | | |

使 用 사용

使 부릴 사 + 用 쓸 용 = 使用

- 부려서[使] 소용되게[用] 하는 것이 使用이다.
- 사물을 필요로 하거나 소용이 되는 곳에 씀.

❀ 다음 빈칸에 한자어의 독음과 한자의 훈음을 예쁘게 써 보세요.

使用		/	使		+	用	

독음연습 이 책은 외래어를 너무 지나치게 使用하는 것 같다.

使	用	使	用						

生 活 생활

生 날 생 + 活 살 활 = 生活

- 태어나서[生] 살아가는[活] 것이 生活이다.
- 사람이나 동물이 일정한 환경에서 활동하며 살아감.

❀ 다음 빈칸에 한자어의 독음과 한자의 훈음을 예쁘게 써 보세요.

生活		/	生		+	活	

독음연습 아버지는 지난 20년 동안 코끼리의 生活을 연구해 오셨다.

生	活	生	活						

다시 한번 해 봐요 01

1. 다음 ☐☐ 안에 알맞은 한자어를 <보기>에서 찾아 써 보세요.

보기

構成 器具 氣溫 氣體 羅針盤 物質 物體 發生 方向 變化

기 운 기 에	몸 체 이 면	공 기 따 위	☐☐ 이 고
벌 릴 라 에	바 늘 침 과	소 반 반 의	☐☐ 반 은
물 건 물 에	바 탕 질 은	물 체 바 탕	☐☐ 이 고
물 건 물 에	몸 체 하 면	형 태 가 진	☐☐ 이 며
어 떤 일 과	사 물 생 김	필 발 날 생	☐☐ 하 면
모 방 에 다	향 할 향 은	방 위 향 한	☐☐ 에 서
변 할 변 에	될 화 하 면	바 뀌 어 진	☐☐ 하 고
나 눌 분 에	무 리 류 는	종 류 나 눔	☐☐ 하 여
부 릴 사 에	쓸 용 하 여	부 려 쓰 는	☐☐ 하 며
생 계 꾸 려	살 아 나 감	날 생 살 활	☐☐ 한 다

2. 다음 한자어의 뜻을 써 보세요.

① 氣體 ☐

② 羅針盤 ☐

③ 物質 ☐

④ 物體 ☐

⑤ 發生 ☐

⑥ 方向 ☐

⑦ 變化 ☐

⑧ 分類 ☐

⑨ 使用 ☐

⑩ 生活 ☐

3. 다음 한자어의 독음을 쓰고, 한자를 예쁘게 써 보세요.

	한자어	독음	쓰기			
①	氣體		氣	體		
②	羅針盤		羅	針	盤	
③	物質		物	質		
④	物體		物	體		
⑤	發生		發	生		
⑥	方向		方	向		
⑦	變化		變	化		
⑧	分類		分	類		
⑨	使用		使	用		
⑩	生活		生	活		

4. 다음 한자어에 독음과 알맞은 뜻을 바르게 연결하세요.

① 氣體 · · 변화 · · 물체를 이루는 본바탕.

② 物質 · · 물질 · · 사물의 모양이나 성질이 바뀌어 달라짐.

③ 變化 · · 기체 · · 사물을 종류에 따라 가름.

④ 物體 · · 분류 · · 일정한 형태가 없고 유동성이 큰 물질의 기본적인 집합 상태.

⑤ 分類 · · 물체 · · 구체적인 형태를 가지고 존재하는 물건.

【과학】 **Ⅲ - 3**	性質 * 實驗 * 連結 * 影響 * 溫度 宇宙人 * 位置 * 危險 * 利用 * 磁化		

📍 한글로 된 가사를 노래로 부르면 한자어의 뜻이 쉽게 이해돼요.

성 품 성 에	바 탕 질 은	마 음 바 탕	성 질 이 고
열 매 실 에	시 험 할 험	관 찰 측 정	실 험 이 며
이 을 연 에	맺 을 결 은	서 로 이 음	연 결 이 고
그 림 자 영	울 림 향 은	효 과 미 침	영 향 이 며
따 뜻 할 온	법 도 도 는	더 운 정 도	온 도 이 고
집 우 에 서	집 주 까 지	사 람 인 의	우 주 인 과
자 리 위 에	둘 치 이 니	일 정 자 리	위 치 이 며
위 태 할 위	험 할 험 은	위 태 험 해	위 험 하 게
이 로 울 이	쓸 용 하 면	이 롭 게 씀	이 용 하 여
자 석 자 에	될 화 하 여	자 기 화 로	자 화 한 다

📍 이제는 한자로 쓰인 한자어 가사도 쉽게 읽을 수 있어요~~^^

性 品 性 에	바 탕 質 은	마 음 바 탕	性 質 이 고
열 매 實 에	試 驗 할 驗	觀 察 測 定	實 驗 이 며
이 을 連 에	맺 을 結 은	서 로 이 음	連 結 이 고
그 림 자 影	울 림 響 은	效 果 미 침	影 響 이 며
따 뜻 할 溫	法 度 度 는	더 운 程 度	溫 度 이 고
집 宇 에 서	집 宙 까 지	사 람 人 의	宇 宙 人 과
자 리 位 에	둘 置 이 니	一 定 자 리	位 置 이 며
危 殆 할 危	險 할 險 은	危 殆 險 해	危 險 하 게
이 로 울 利	쓸 用 하 면	利 롭 게 씀	利 用 하 여
磁 石 磁 에	될 化 하 여	磁 氣 化 로	磁 化 한 다

性 質　성질

| 性 | 성품 성 | + | 質 | 바탕 질 | = | 性質 |

타고난 성품[性]의 본바탕[質]이 **性質**이다.

사물이나 현상이 본디부터 가지고 있는 고유의 본바탕.

❀ 다음 빈칸에 한자어의 독음과 한자의 훈음을 예쁘게 써 보세요.

| 性質 | | / | 性 | | + | 質 | |

동생은 아침부터 까닭 없이 **性質**을 부렸다.

| 性 | 質 | 性 | 質 | | | | | | |

實 驗　실험

| 實 | 열매 실 | + | 驗 | 증험할 험 | = | 實驗 |

실제로[實] 시험[驗]해 보는 것이 **實驗**이다.

과학에서 이론이나 가설 따위가 실제로 가능한지를 알아보기 위해 시험함.

❀ 다음 빈칸에 한자어의 독음과 한자의 훈음을 예쁘게 써 보세요.

| 實驗 | | / | 實 | | + | 驗 | |

다음의 **實驗** 결과를 표에 나타내어 보세요.

| 實 | 驗 | 實 | 驗 | | | | | | |

連 結 **연결**

連 이을 연 + 結 맺을 결 = 連結

이어서[連] 맺음[結]이 連結이다.

어떤 대상을 다른 대상과 서로 이어서 맺음.

❀ 다음 빈칸에 한자어의 독음과 한자의 훈음을 예쁘게 써 보세요.

連結 [ ] / 連 [ ] + 結 [ ]

다음의 한자어에 맞는 독음을 連結해 보세요.

連	結	連	結				

影 響 **영향**

影 그림자 영 + 響 울림 향 = 影響

그림자[影]처럼 울리는[響] 것이 影響이다.

어떤 사물의 효과나 작용이 다른 것에 미치는 일.

❀ 다음 빈칸에 한자어의 독음과 한자의 훈음을 예쁘게 써 보세요.

影響 [ ] / 影 [ ] + 響 [ ]

밀물과 썰물의 현상은 달의 影響으로 일어난다.

影	響	影	響				

溫 度　온도

溫 따뜻한 온 + 度 법도 도 = 溫度

뜻기 때깥 따뜻한[溫] 정도[度]가 溫度이다.

사전 풀이 차가움과 뜨거움의 정도를 나타내는 수치(數値).

❀ 다음 빈칸에 한자어의 독음과 한자의 훈음을 예쁘게 써 보세요.

溫度 ☐ / 溫 ☐ + 度 ☐

독음 연습 휘발유는 溫度가 조금만 올라가도 부피가 쉽게 팽창한다.

溫	度	溫	度				

宇宙人　우주인

宇 집 우 + 宙 집 주 + 人 사람 인 = 宇宙人

알기 때깥 우주[宇宙]를 비행하는 사람[人]이 宇宙人이다.

사전 풀이 우주선을 타고 우주를 비행하기 위하여 특수 훈련을 받은 사람.

❀ 다음 빈칸에 한자어의 독음과 한자의 훈음을 예쁘게 써 보세요.

宇宙人 ☐ / 宇 ☐ + 宙 ☐ + 人 ☐

독음 연습 내 장래 희망은 宇宙人이 되는 것이다.

宇	宙	人	宇	宙	人		

位 置 　위치

位 　자리 　위 ＋ 置 　둘 　치 ＝ 位置

암기비책 두어진[置] 자리[位]가 位置이다.

사전풀이 사물이 일정한 곳에 자리를 차지함.

❀ 다음 빈칸에 한자어의 독음과 한자의 훈음을 예쁘게 써 보세요.

位置 [　] / 位 [　] ＋ 置 [　]

독음연습 내 책상의 位置를 창가 쪽으로 옮겼다.

位	置	位	置					

危 險 　위험

危 　위태할 　위 ＋ 險 　험할 　험 ＝ 危險

암기비책 위태롭고[危] 험한[險] 것이 危險이다.

사전풀이 해로움이나 손실이 생길 우려가 있음.

❀ 다음 빈칸에 한자어의 독음과 한자의 훈음을 예쁘게 써 보세요.

危險 [　] / 危 [　] ＋ 險 [　]

독음연습 차도에서 노는 것은 아주 危險한 행동이다.

危	險	危	險					

利 用　이용

利　이로울 이 + 用　쓸 용 = 利用

이롭게[利] 쓰는[用] 것이 **利用**이다.

무엇을 필요에 따라 이롭게 씀.

❀ 다음 빈칸에 한자어의 독음과 한자의 훈음을 예쁘게 써 보세요.

利用		/	利		+	用	

(독음연습) 어머니는 나에게 시립 도서관 利用 방법을 가르쳐 주셨다.

利	用	利	用				

磁 化　자화

磁　자석 자 + 化　될 화 = 磁化

자석[磁]의 기운을 띠게 되는[化] 것이 **磁化**이다.

자기장 안의 물체가 자기(磁氣)를 띠게 됨.

❀ 다음 빈칸에 한자어의 독음과 한자의 훈음을 예쁘게 써 보세요.

磁化		/	磁		+	化	

(독음연습) 磁化의 세기를 간략하게 설명하여라.

磁	化	磁	化				

1. 다음 ☐☐안에 알맞은 한자어를 <보기>에서 찾아 써 보세요.

| 보기 | 磁化 危險 影響 宇宙人 利用 性質 實驗 連結 溫度 位置 |

성 품 성 에	바 탕 질 은	마 음 바 탕		이 고
열 매 실 에	시 험 할 험	관 찰 측 정		이 며
이 을 연 에	맺 을 결 은	서 로 이 음		이 고
그 림 자 영	울 림 향 은	효 과 미 침		이 며
따 뜻 할 온	법 도 도 는	더 운 정 도		이 고
집 우 에 서	집 주 까 지	사 람 인 의		과
자 리 위 에	둘 치 이 니	일 정 자 리		이 며
위 태 할 위	험 할 험 은	위 태 험 해		하 게
이 로 울 이	쓸 용 하 면	이 롭 게 씀		하 여
자 석 자 에	될 화 하 여	자 기 화 로		한 다

2. 다음 한자어의 뜻을 써 보세요.

① 性質

② 實驗

③ 連結

④ 影響

⑤ 溫度

⑥ 宇宙人

⑦ 位置

⑧ 危險

⑨ 利用

⑩ 磁化

3. 다음 한자어의 독음을 쓰고, 한자를 예쁘게 써 보세요.

① 性質 | | 性 質 性 質 | | |
② 實驗 | | 實 驗 實 驗 | | |
③ 連結 | | 連 結 連 結 | | |
④ 影響 | | 影 響 影 響 | | |
⑤ 溫度 | | 溫 度 溫 度 | | |
⑥ 宇宙人 | | 宇 宙 人 宇 宙 人 |
⑦ 位置 | | 位 置 位 置 | | |
⑧ 危險 | | 危 險 危 險 | | |
⑨ 利用 | | 利 用 利 用 | | |
⑩ 磁化 | | 磁 化 磁 化 | | |

4. 다음 한자어에 독음과 알맞은 뜻을 바르게 연결하세요.

① 實驗 •　• 영 향 •　• 어떤 사물의 효과나 작용이 다른 것에 미치는 일.

② 影響 •　• 실 험 •　• 과학에서 이론이나 가설 따위가 실제로 가능한지를 알아보기 위해 시험함.

③ 位置 •　• 위 험 •　• 해로움이나 손실이 생길 우려가 있음.

④ 危險 •　• 위 치 •　• 사물이 일정한 곳에 자리를 차지함.

⑤ 磁化 •　• 자 화 •　• 자기장 안의 물체가 자기(磁氣)를 띠게 됨.

傳達 * 程度 * 情報 * 精確 * 種類
注意 * 地球 * 測定 * 炭素 * 探求

📍 한글로 된 가사를 노래로 부르면 한자어의 뜻이 쉽게 이해돼요.

전 할 전 에	이 를 달 은	전 해 주 는	전 달 이 고
단 위 정 에	법 도 도 는	사 물 수 준	정 도 이 며
뜻 정 하 여	알 릴 보 는	정 황 보 고	정 보 이 고
정 밀 할 정	굳 을 확 은	정 밀 확 실	정 확 이 며
씨 종 에 다	무 리 류 는	사 물 갈 래	종 류 이 고
물 댈 주 에	뜻 의 하 면	마 음 조 심	주 의 이 며
인 류 사 는	천 체 라 서	땅 지 공 구	지 구 이 고
헤 아 릴 측	정 할 정 은	크 기 를 잼	측 정 하 여
비 금 속 의	원 소 하 나	숯 탄 힐 소	탄 소 이 면
찾 을 탐 에	구 할 구 는	찾 아 구 함	탐 구 한 다

📍 이제는 한자로 쓰인 한자어 가사도 쉽게 읽을 수 있어요~~^^

傳 할 傳 에	이 를 達 은	傳 해 주 는	傳 達 이 고
單 位 程 에	法 度 度 는	事 物 水 準	程 度 이 며
뜻 情 하 여	알 릴 報 는	情 況 報 告	情 報 이 고
精 密 할 精	굳 을 確 은	精 密 確 實	精 確 이 며
씨 種 에 다	무 리 類 는	事 物 갈 래	種 類 이 고
물 댈 注 에	뜻 意 하 면	마 음 操 心	注 意 이 며
人 類 사 는	天 體 라 서	땅 地 공 球	地 球 이 고
헤 아 릴 測	定 할 定 은	크 기 를 잼	測 定 하 여
非 金 屬 의	元 素 하 나	숯 炭 힐 素	炭 素 이 면
찾 을 探 에	求 할 求 는	찾 아 求 함	探 求 한 다

傳 達　전달

傳 전할 전 + 達 이를 달 = 傳達

(발음·해석) 전하여[傳] 이르게[達] 하는 것이 傳達이다.

(사전풀이) 소식이나 말 따위를 사람에게 전하여 이르게 함.

❀ 다음 빈칸에 한자어의 독음과 한자의 훈음을 예쁘게 써 보세요.

傳達 [　　] / 傳 [　　] + 達 [　　]

(독음연습) 내 고향은 오지라서 소식 傳達이 잘 이루어지지 않는다.

傳	達	傳	達						

程 度　정도

程 단위 정 + 度 법도 도 = 程度

(발음·해석) 일정한[程] 한도[度]가 程度이다.

(사전풀이) 일정한 분수나 한도.

❀ 다음 빈칸에 한자어의 독음과 한자의 훈음을 예쁘게 써 보세요.

程度 [　　] / 程 [　　] + 度 [　　]

(독음연습) 참는 것도 程度가 있다.

程	度	程	度						

情 報 정보

| 情 | 뜻 | 정 | + | 報 | 알릴 | 보 | = | 情報 |

정황[情]을 알려주는[報] 것이 情報이다.

사물이나 어떤 상황에 대한 새로운 소식이나 자료.

❀ 다음 빈칸에 한자어의 독음과 한자의 훈음을 예쁘게 써 보세요.

| 情報 | | / | 情 | | + | 報 | |

독음연습 이 책에는 경제에 관한 엄청난 많은 情報가 담겨 있다.

| 情 | 報 | 情 | 報 | | | | | |

精 確 정확

| 精 | 정밀할 | 정 | + | 確 | 굳을 | 확 | = | 精確 |

정밀하고[精] 확실한[確] 것이 精確이다.

정밀하고 확실함.

❀ 다음 빈칸에 한자어의 독음과 한자의 훈음을 예쁘게 써 보세요.

| 精確 | | / | 精 | | + | 確 | |

독음연습 이 사건의 원인을 精確히 분석하여 보고하라.

| 精 | 確 | 精 | 確 | | | | | |

種 類　종류

種　씨　종　+　類　무리　류　=　種類

씨[種]의 무리[類]처럼 나눈 갈래가 種類이다.

일정한 특질에 따라 나눠지는 사물의 갈래.

❀ 다음 빈칸에 한자어의 독음과 한자의 훈음을 예쁘게 써 보세요.

種類　□　/　種　□　+　類　□

나는 국밥 種類의 음식은 별로 좋아하지 않는다.

種	類	種	類				

注 意　주의

注　물댈　주　+　意　뜻　의　=　注意

물을 대듯이[注] 뜻[意]을 조심하는 것이 注意이다.

마음에 새겨 두고 조심함.

❀ 다음 빈칸에 한자어의 독음과 한자의 훈음을 예쁘게 써 보세요.

注意　□　/　注　□　+　意　□

보통 注意가 산만한 사람들은 정서 불안인 경우가 많다.

注	意	注	意				

地 球　지구

地　땅　지　+　球　공　구　=　地球

땅[地]이 공[球]처럼 생긴 천체가 地球이다.

인류가 살고 있는 천체.

❀ 다음 빈칸에 한자어의 독음과 한자의 훈음을 예쁘게 써 보세요.

地球　□　/　地　□　+　球　□

우리는 하나밖에 없는 地球를 아끼고 보존해야 한다.

地	球	地	球							

測 定　측정

測　헤아릴　측　+　定　정할　정　=　測定

헤아려서[測] 정하는[定] 것이 測定이다.

일정한 양을 기준으로 하여 같은 종류의 다른 양의 크기를 잼.

❀ 다음 빈칸에 한자어의 독음과 한자의 훈음을 예쁘게 써 보세요.

測定　□　/　測　□　+　定　□

우리는 이 거리를 測定을 해 보기로 했다.

測	定	測	定							

炭 素　탄소

炭　숯　탄　＋　素　흴　소　＝　炭素

숯[炭]처럼 고온에서 산소[素]와 쉽게 화합하는 원소가 炭素이다.

주기율표 4(4A)족에 속하는 비금속 원소의 하나.

❀ 다음 빈칸에 한자어의 독음과 한자의 훈음을 예쁘게 써 보세요.

炭素　　　　/　炭　　　　＋　素

아름다운 다이아몬드도 炭素로 이루어진 광물이다.

炭	素	炭	素				

探 求　탐구

探　찾을　탐　＋　求　구할　구　＝　探求

찾아내어[探] 구하는[求] 것이 探求이다.

필요한 것을 조사하여 찾아내거나 얻어 냄.

❀ 다음 빈칸에 한자어의 독음과 한자의 훈음을 예쁘게 써 보세요.

探求　　　　/　探　　　　＋　求

우리는 이 문제에 대한 대안의 探求를 위해 지혜를 모았다.

探	求	探	求				

1. 다음 □□안에 알맞은 한자어를 <보기>에서 찾아 써 보세요.

보기

探求 測定 注意 種類 地球 炭素 傳達 精確 程度 情報

전 할 전 에	이 를 달 은	전 해 주 는		이 고
단 위 정 에	법 도 도 는	사 물 수 준		이 며
뜻 정 하 여	알 릴 보 는	정 황 보 고		이 고
정 밀 할 정	굳 을 확 은	정 밀 확 실		이 며
씨 종 에 다	무 리 류 는	사 물 갈 래		이 고
물 댈 주 에	뜻 의 하 면	마 음 조 심		이 며
인 류 사 는	천 체 라 서	땅 지 공 구		이 고
헤 아 릴 측	정 할 정 은	크 기 를 잼		하 여
비 금 속 의	원 소 하 나	숯 탄 흴 소		이 면
찾 을 탐 에	구 할 구 는	찾 아 구 함		한 다

2. 다음 한자어의 뜻을 써 보세요.

① 傳達

② 程度

③ 情報

④ 精確

⑤ 種類

⑥ 注意

⑦ 地球

⑧ 測定

⑨ 炭素

⑩ 探求

3. 다음 한자어의 독음을 쓰고, 한자를 예쁘게 써 보세요.

①	傳達		傳 達 傳 達			
②	程度		程 度 程 度			
③	情報		情 報 情 報			
④	精確		精 確 精 確			
⑤	種類		種 類 種 類			
⑥	注意		注 意 注 意			
⑦	地球		地 球 地 球			
⑧	測定		測 定 測 定			
⑨	炭素		炭 素 炭 素			
⑩	探求		探 求 探 求			

4. 다음 한자어에 독음과 알맞은 뜻을 바르게 연결하세요.

① 精確 ・ ・ 정확 ・ ・ 일정한 양을 기준으로 하여 같은 종류의 다른 양의 크기를 잼.

② 情報 ・ ・ 측정 ・ ・ 정밀하고 확실함.

③ 測定 ・ ・ 정보 ・ ・ 필요한 것을 조사하여 찾아내거나 얻어 냄.

④ 炭素 ・ ・ 탐구 ・ ・ 사물이나 어떤 상황에 대한 새로운 소식이나 자료.

⑤ 探求 ・ ・ 탄소 ・ ・ 주기율표 4(4A)족에 속하는 비금속 원소의 하나.

도덕

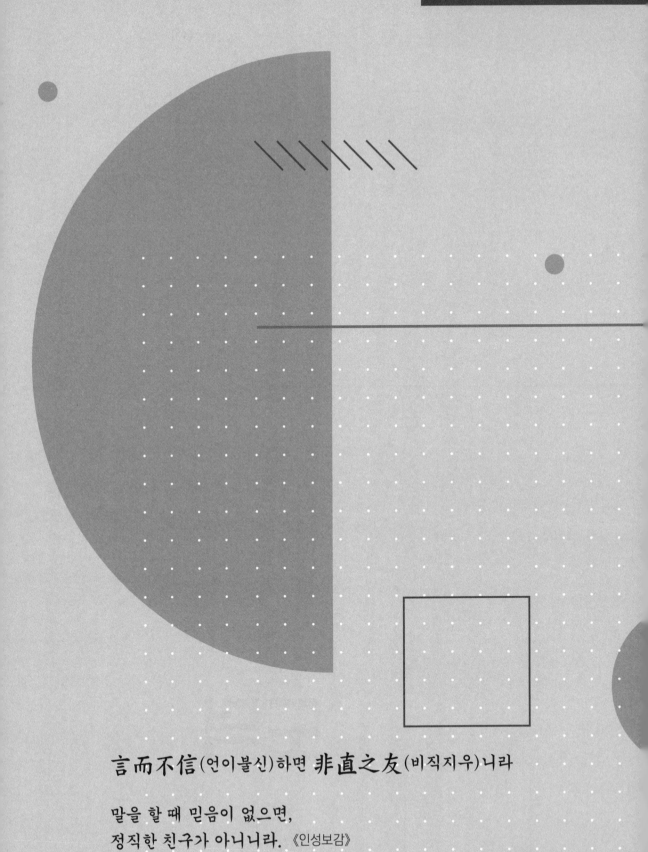

言而不信(언이불신)하면 非直之友(비직지우)니라

말을 할 때 믿음이 없으면,
정직한 친구가 아니니라. 《인성보감》

葛藤 * 努力 * 對話 * 問題點 * 配慮
奉仕 * 北韓 * 相對方 * 選擧 * 世上

📍 한글로 된 가사를 노래로 부르면 한자어의 뜻이 쉽게 이해돼요.

칡	갈	하	고	등	나	무	등	서	로	충	돌	갈	등	이	면
힘	쓸	노	에	힘	력	하	면	힘	껏	애	쓴	노	력	하	여
대	할	대	에	말	할	화	는	마	주	대	고	대	화	하	고
물	을	문	에	표	제	제	의	점	점	이	면	이	문	제	점
아	내	배	에	생	각	할	려	마	음	을	씀	배	려	하	여
받	들	봉	에	벼	슬	할	사	남	위	한	일	봉	사	하	며
북	녘	북	에	한	국	한	은	한	국	북	쪽	북	한	에	는
서	로	상	에	대	할	대	의	모	방	이	면	상	대	방	과
가	릴	선	에	들	거	하	면	임	원	뽑	는	선	거	하	여
세	상	세	에	위	상	이	면	모	든	사	회	세	상	이	다

📍 이제는 한자로 쓰인 한자어 가사도 쉽게 읽을 수 있어요~~^^

칡	葛	하	고	등	나	무	藤	서	로	衝	突	葛	藤	이	면
힘	쓸	努	에	힘	力	하	면	힘	껏	애	쓴	努	力	하	여
對	할	對	에	말	할	話	는	마	주	對	고	對	話	하	고
물	을	問	에	表	題	題	의	點	點	이	면	이	問	題	點
아	내	配	에	생	각	할	慮	마	음	을	씀	配	慮	하	여
받	들	奉	에	벼	슬	할	仕	남	위	한	일	奉	仕	하	며
北	녘	北	에	韓	國	韓	은	韓	國	北	쪽	北	韓	에	는
서	로	相	에	對	할	對	의	모	方	이	면	相	對	方	과
가	릴	選	에	들	擧	하	면	任	員	뽑	는	選	擧	하	여
世	上	世	에	위	上	이	면	모	든	社	會	世	上	이	다

葛 藤　갈등

葛 칡 갈 + 藤 등나무 등 = 葛藤

칡[葛]과 등나무[藤]처럼 서로 얽히는 것이 葛藤이다.

상반(相反)하는 것이 양보하지 않고 대립함.

✿ 다음 빈칸에 한자어의 독음과 한자의 훈음을 예쁘게 써 보세요.

葛藤 [　] / 葛 [　] + 藤 [　]

그 두 사람은 대화를 할수록 葛藤의 골이 깊어만 간다.

葛	藤	葛	藤					

努 力　노력

努 힘쓸 노 + 力 힘 력 = 努力

힘써[努] 힘[力]을 다하는 것이 努力이다.

목적을 이루기 위하여 있는 힘을 다해 부지런히 애를 씀.

✿ 다음 빈칸에 한자어의 독음과 한자의 훈음을 예쁘게 써 보세요.

努力 [　] / 努 [　] + 力 [　]

6학년이 된 나는 열심히 努力하여 1등을 했다.

努	力	努	力					

對 話 대화

對 대할 대 + 話 말할 화 = 對話

(밝기해뜻) 마주 대하여[對] 이야기[話]를 하는 것이 對話이다.

(사전풀이) 서로 마주하여 이야기를 주고받음.

❀ 다음 빈칸에 한자어의 독음과 한자의 훈음을 예쁘게 써 보세요.

對話 [ ] / 對 [ ] + 話 [ ]

(독음연습) 가족 간의 對話 단절은 가정 파괴의 중요한 원인이다.

對	話	對	話				

問題點 문제점

問 물을 문 + 題 표제 제 + 點 점 점 = 問題點

(밝기해뜻) 문제[問題]가 되어 개선해야 할 점[點]이 問題點이다.

(사전풀이) 어떤 사물이나 현상에서 해결해야 하거나 개선해야 할 점.

❀ 다음 빈칸에 한자어의 독음과 한자의 훈음을 예쁘게 써 보세요.

問題點 [ ] / 問 [ ] + 題 [ ] + 點 [ ]

(독음연습) 이번 사건의 問題點을 찾아서 해결책을 제시하세요.

問	題	點	問	題	點		

配 慮　배려

配 아내 **배** + 慮 생각할 **려** = 配慮

(알기해석) 짝[配]을 생각해[慮] 주는 것이 **配慮**이다.

(사전풀이) 여러 가지로 마음을 써서 보살피고 도와줌.

❀ 다음 빈칸에 한자어의 독음과 한자의 훈음을 예쁘게 써 보세요.

| 配慮 | | / | 配 | | + | 慮 | |

(독음연습) 청소년에 대한 관심과 **配慮**는 국가의 장래에 대한 문제이다.

配	慮	配	慮						

奉 仕　봉사

奉 받들 **봉** + 仕 벼슬할 **사** = 奉仕

(알기해석) 벼슬을[仕] 할수록 백성을 받드는[奉] 것이 **奉仕**이다.

(사전풀이) 국가나 사회 또는 남을 위하여 자신을 돌보지 아니하고 애씀.

❀ 다음 빈칸에 한자어의 독음과 한자의 훈음을 예쁘게 써 보세요.

| 奉仕 | | / | 奉 | | + | 仕 | |

(독음연습) 대가를 바라고 하는 **奉仕**는 진정한 **奉仕**가 아니다.

奉	仕	奉	仕						

北 韓 북한

北 북녘 **북** + 韓 한국 **한** = 北韓

(방개레틴) 한국[韓]의 북쪽[北]이 北韓이다.

(사전풀이) 남북으로 분단된 대한민국의 휴전선 북쪽 지역을 가리키는 말.

❀ 다음 빈칸에 한자어의 독음과 한자의 훈음을 예쁘게 써 보세요.

| 北韓 | | / | 北 | | + | 韓 | |

(독음연습) 北韓에 고향을 둔 실향민들은 돌아갈 날만을 기다린다.

| 北 | 韓 | 北 | 韓 | | | | |

相對方 상대방

相 서로 **상** + 對 대할 **대** + 方 모 **방** = 相對方

(방개레틴) 서로[相] 마주 대하고[對] 있는 방향[北]의 사람이 相對方이다.

(사전풀이) 서로 맞서거나 마주하고 있는 맞은편의 사람.

❀ 다음 빈칸에 한자어의 독음과 한자의 훈음을 예쁘게 써 보세요.

| 相對方 | | / | 相 | | + | 對 | | + | 方 | |

(독음연습) 相對方의 허점을 노려서 공격하였다.

| 相 | 對 | 方 | 相 | 對 | 方 | | |

選擧 선거

選 가릴 선 + 擧 들 거 = 選擧

(밝기해결) 가려서[選] 들어올리는[擧] 것이 選擧이다.

(사전풀이) 일정한 조직이나 집단이 대표자나 임원을 뽑는 일.

❀ 다음 빈칸에 한자어의 독음과 한자의 훈음을 예쁘게 써 보세요.

| 選擧 | | / | 選 | | + | 擧 | |

(독음연습) 국민의 대표를 뽑는 총 選擧에서는 반드시 투표를 하자.

| 選 | 擧 | 選 | 擧 | | | | | | |

世上 세상

世 세상 세 + 上 위 상 = 世上

(밝기해결) 세상[世]의 위[上]가 世上이다.

(사전풀이) 생명체가 살고 있는 지구. 사람들이 생활하고 있는 사회.

❀ 다음 빈칸에 한자어의 독음과 한자의 훈음을 예쁘게 써 보세요.

| 世上 | | / | 世 | | + | 上 | |

(독음연습) 世上에는 참으로 신기한 것들이 많다.

| 世 | 上 | 世 | 上 | | | | | | |

다시 한번 해 봐요 01

▶▶▶

1. 다음 □□안에 알맞은 한자어를 <보기>에서 찾아 써 보세요.

<table>
<tr><td>보기</td><td colspan="4">葛藤 世上 配慮 選擧 奉仕 努力 北韓 對話 相對方 問題點</td></tr>
</table>

칡 갈 하 고	등 나 무 등	서 로 충 돌	□□ 이 면
힘 쓸 노 에	힘 력 하 면	힘 껏 애 쓴	□□ 하 여
대 할 대 에	말 할 화 는	마 주 대 고	□□ 하 고
물 을 문 에	표 제 제 의	점 점 이 면	이 □□
아 내 배 에	생 각 할 려	마 음 을 씀	□□ 하 여
받 들 봉 에	벼 슬 할 사	남 위 한 일	□□ 하 며
북 녁 북 에	한 국 한 은	한 국 북 쪽	□□ 에 는
서 로 상 에	대 할 대 의	모 방 이 면	□□ 과
가 릴 선 에	들 거 하 면	임 원 뽑 는	□□ 하 여
세 상 세 에	위 상 이 면	모 든 사 회	□□ 이 다

2. 다음 한자어의 뜻을 써 보세요.

① 葛藤

② 努力

③ 對話

④ 問題點

⑤ 配慮

⑥ 奉仕

⑦ 北韓

⑧ 相對方

⑨ 選擧

⑩ 世上

3. 다음 한자어의 독음을 쓰고, 한자를 예쁘게 써 보세요.

① 葛藤 　　　 | 葛 | 藤 | 葛 | 藤 | | |
② 努力 　　　 | 努 | 力 | 努 | 力 | | |
③ 對話 　　　 | 對 | 話 | 對 | 話 | | |
④ 問題點 　　 | 問 | 題 | 點 | 問 | 題 | 點 |
⑤ 配慮 　　　 | 配 | 慮 | 配 | 慮 | | |
⑥ 奉仕 　　　 | 奉 | 仕 | 奉 | 仕 | | |
⑦ 北韓 　　　 | 北 | 韓 | 北 | 韓 | | |
⑧ 相對方 　　 | 相 | 對 | 方 | 相 | 對 | 方 |
⑨ 選擧 　　　 | 選 | 擧 | 選 | 擧 | | |
⑩ 世上 　　　 | 世 | 上 | 世 | 上 | | |

4. 다음 한자어에 독음과 알맞은 뜻을 바르게 연결하세요.

① 葛藤 ・ 　 ・ 선거 ・ 　 ・ 여러 가지로 마음을 써서 보살피고 도와줌.

② 對話 ・ 　 ・ 봉사 ・ 　 ・ 국가나 사회 또는 남을 위하여 자신을 돌보지 아니하고 애씀.

③ 配慮 ・ 　 ・ 배려 ・ 　 ・ 일정한 조직이나 집단이 대표자나 임원을 뽑는 일.

④ 奉仕 ・ 　 ・ 대화 ・ 　 ・ 상반(相反)하는 것이 양보하지 않고 대립함.

⑤ 選擧 ・ 　 ・ 갈등 ・ 　 ・ 서로 마주하여 이야기를 주고받음.

📍 한글로 된 가사를 노래로 부르면 한자어의 뜻이 쉽게 이해돼요.

바 소 하 여	무 거 울 중	매 우 귀 중	소 중 하 게
열 매 실 에	밟 을 천 은	실 제 행 함	실 천 하 며
익 힐 연 에	익 힐 습 은	반 복 익 힘	연 습 하 는
움 직 일 운	움 직 일 동	마 당 장 의	운 동 장 은
있 을 유 에	이 름 명 은	이 름 나 서	유 명 하 며
마 실 음 에	먹 을 식 은	먹 고 마 신	음 식 이 고
말 이 나 글	지 니 는 뜻	뜻 의 맛 미	의 미 이 며
이 치 리 에	풀 해 하 여	사 리 해 석	이 해 하 고
사 람 인 에	일 사 이 면	사 람 의 일	인 사 하 면
스 스 로 자	몸 기 이 니	스 스 로 몸	자 기 이 다

📍 이제는 한자로 쓰인 한자어 가사도 쉽게 읽을 수 있어요~~^^

바 所 하 여	무 거 울 重	매 우 貴 重	所 重 하 게
열 매 實 에	밟 을 踐 은	實 際 行 함	實 踐 하 며
익 힐 練 에	익 힐 習 은	反 復 익 힘	練 習 하 는
움 직 일 運	움 직 일 動	마 당 場 의	運 動 場 은
있 을 有 에	이 름 名 은	이 름 나 서	有 名 하 며
마 실 飮 에	먹 을 食 은	먹 고 마 신	飮 食 이 고
말 이 나 글	지 니 는 뜻	뜻 意 맛 味	意 味 이 며
理 致 理 에	풀 解 하 여	事 理 解 釋	理 解 하 고
사 람 人 에	일 事 이 면	사 람 의 일	人 事 하 면
스 스 로 自	몸 己 이 니	스 스 로 몸	自 己 이 다

所 重 소중

所 바 소 + 重 무거울 중 = 所重

귀중한[重] 것[所]이 所重이다.

어떤 대상이 지닌 가치나 의미가 중요하여 매우 귀함.

❀ 다음 빈칸에 한자어의 독음과 한자의 훈음을 예쁘게 써 보세요.

所重		/	所		+	重	

독음 연습 인간에게는 무엇보다도 공기와 물이 가장 所重한 것이다.

所	重	所	重						

實 踐 실천

實 열매 실 + 踐 밟을 천 = 實踐

실제로[實] 밟아가는[踐] 것이 實踐이다.

생각한 것을 실제로 행함.

❀ 다음 빈칸에 한자어의 독음과 한자의 훈음을 예쁘게 써 보세요.

實踐		/	實		+	踐	

독음 연습 아무리 좋은 계획도 實踐하지 않으면 소용이 없다.

實	踐	實	踐						

練 習 연습

練 익힐 연 + 習 익힐 습 = 練習

익히고[練] 또 익히는[習] 것이 練習이다.

학문이나 기예 따위가 익숙하도록 되풀이하여 익힘.

❀ 다음 빈칸에 한자어의 독음과 한자의 훈음을 예쁘게 써 보세요.

| 練習 | | / | 練 | | + | 習 | |

나는 방과 후에 늘 운동장에서 달리기 練習을 했다.

| 練 | 習 | 練 | 習 | | | | |

運動場 운동장

運 움직일 운 + 動 움직일 동 + 場 마당 장 = 運動場

운동[運動]할 수 있는 넓은 마당[場]이 運動場이다.

체육이나 오락을 하도록 설비를 갖춘 일정한 장소.

❀ 다음 빈칸에 한자어의 독음과 한자의 훈음을 예쁘게 써 보세요.

| 運動場 | | / | 運 | | + | 動 | | + | 場 | |

오늘 아침에는 학교 運動場을 열 바퀴나 돌았다.

| 運 | 動 | 場 | 運 | 動 | 場 | | | |

有 名　유명

有　있을　유　+　名　이름　명　=　有名

(팔기비력) 이름[名]이 알려져 있는[有] 것이 有名이다.

(사전풀이) 이름이 널리 알려져 있음.

❀ 다음 빈칸에 한자어의 독음과 한자의 훈음을 예쁘게 써 보세요.

| 有名 | | / | 有 | | + | 名 | |

(독음연습) 그는 디자이너로 有名한 사람이다.

有	名	有	名					

飮 食　음식

飮　마실　음　+　食　먹을　식　=　飮食

(팔기비력) 마시고[飮] 먹는[食] 물건이 飮食이다.

(사전풀이) 사람이 먹고 마실 수 있도록 만든 모든 것.

❀ 다음 빈칸에 한자어의 독음과 한자의 훈음을 예쁘게 써 보세요.

| 飮食 | | / | 飮 | | + | 食 | |

(독음연습) 飮食을 먹을 때에는 고르게 먹어야 한다.

飮	食	飮	食					

意 味 의미

意 뜻 의 + 味 맛 미 = 意味

뜻[意]으로 맛보는[味] 것이 意味이다.

어떤 말이나 글이 나타내고 있는 내용.

❀ 다음 빈칸에 한자어의 독음과 한자의 훈음을 예쁘게 써 보세요.

意味 [ ] / 意 [ ] + 味 [ ]

네가 말한 意味가 무엇인지 잘 모르겠다.

意	味	意	味						

理 解 이해

理 이치 리 + 解 풀 해 = 理解

이치[理]로 풀어가는[解] 것이 理解이다.

사리를 분별하여 해석함.

❀ 다음 빈칸에 한자어의 독음과 한자의 훈음을 예쁘게 써 보세요.

理解 [ ] / 理 [ ] + 解 [ ]

그 문제를 理解할 수가 없어서 틀린 것 같다.

理	解	理	解						

人 事 인사

人 사람 인 + 事 일 사 = 人事

남을[人] 섬기는[事] 것이 人事이다.

마주 대하거나 헤어질 때에 예를 표함.

❀ 다음 빈칸에 한자어의 독음과 한자의 훈음을 예쁘게 써 보세요.

| 人事 | | / | 人 | | + | 事 | |

부모님께 자주 문안 人事를 드리는 것도 효도이다.

人 事 人 事

自 己 자기

自 스스로 자 + 己 몸 기 = 自己

스스로[自]의 몸[己]이 自己이다.

그 사람 자신.

❀ 다음 빈칸에 한자어의 독음과 한자의 훈음을 예쁘게 써 보세요.

| 自己 | | / | 自 | | + | 己 | |

누구든 自己의 의견을 분명하게 밝힐 줄 알아야 한다.

自 己 自 己

▶▶▶

1. 다음 ☐☐안에 알맞은 한자어를 <보기>에서 찾아 써 보세요.

보기	自己 練習 人事 運動場 理解 有名 意味 所重 實踐 飲食

바 소 하 여	무 거 울 중	매 우 귀 중		하 게
열 매 실 에	밟 을 천 은	실 제 행 함		하 며
익 힐 연 에	익 힐 습 은	반 복 익 힘		하 는
움 직 일 운	움 직 일 동	마 당 장 의		은
있 을 유 에	이 름 명 은	이 름 나 서		하 며
마 실 음 에	먹 을 식 은	먹 고 마 신		이 고
말 이 나 글	지 니 는 뜻	뜻 의 맛 미		이 며
이 치 리 에	풀 해 하 여	사 리 해 석		하 고
사 람 인 에	일 사 이 면	사 람 의 일		하 면
스 스 로 자	몸 기 이 니	스 스 로 몸		이 다

2. 다음 한자어의 뜻을 써 보세요.

① 所重 　　　　　　　　　　⑥ 飲食

② 實踐 　　　　　　　　　　⑦ 意味

③ 練習 　　　　　　　　　　⑧ 理解

④ 運動場 　　　　　　　　　⑨ 人事

⑤ 有名 　　　　　　　　　　⑩ 自己

3. 다음 한자어의 독음을 쓰고, 한자를 예쁘게 써 보세요.

① 所重 | | 所 重 所 重 | | |
② 實踐 | | 實 踐 實 踐 | | |
③ 練習 | | 練 習 練 習 | | |
④ 運動場 | | 運 動 場 運 動 場
⑤ 有名 | | 有 名 有 名 | | |
⑥ 飮食 | | 飮 食 飮 食 | | |
⑦ 意味 | | 意 味 意 味 | | |
⑧ 理解 | | 理 解 理 解 | | |
⑨ 人事 | | 人 事 人 事 | | |
⑩ 自己 | | 自 己 自 己 | | |

4. 다음 한자어에 독음과 알맞은 뜻을 바르게 연결하세요.

① 實踐 ・　・ 실천 ・　・ 학문이나 기예 따위가 익숙하도록 되풀이하여 익힘.

② 練習 ・　・ 연습 ・　・ 생각한 것을 실제로 행함.

③ 意味 ・　・ 의미 ・　・ 사리를 분별하여 해석함.

④ 理解 ・　・ 음식 ・　・ 사람이 먹고 마실 수 있도록 만든 모든 것.

⑤ 飮食 ・　・ 이해 ・　・ 어떤 말이나 글이 나타내고 있는 내용.

自身 * 作品 * 場所 * 提案 * 著作權
調節 * 尊重 * 周邊 * 主人公 * 重要

📍 한글로 된 가사를 노래로 부르면 한자어의 뜻이 쉽게 이해돼요.

스 스 로 자	몸 신 이 면	자 기 의 몸	자 신 이 고
지 을 작 에	물 건 품 은	만 든 물 품	작 품 이 며
마 당 장 에	곳 소 하 면	무 엇 하 는	장 소 이 고
끌 제 에 다	책 상 안 은	의 견 내 는	제 안 이 며
분 명 할 저	지 을 작 과	권 세 권 의	저 작 권 과
고 를 조 에	마 디 절 은	균 형 맞 게	조 절 이 며
높 은 존 에	무 거 울 중	높 혀 대 함	존 중 이 고
두 루 주 에	가 변 이 면	어 떤 들 레	주 변 이 며
주 인 주 에	사 람 인 과	공 변 될 공	주 인 공 이
무 거 울 중	구 할 요 는	귀 중 요 긴	중 요 하 다

📍 이제는 한자로 쓰인 한자어 가사도 쉽게 읽을 수 있어요~~^^

스 스 로 自	몸 身 이 면	自 己 의 몸	自 身 이 고
지 을 作 에	物 件 品 은	만 든 物 品	作 品 이 며
마 당 場 에	곳 所 하 면	무 엇 하 는	場 所 이 고
끌 提 에 다	冊 床 案 은	意 見 내 는	提 案 이 며
分 明 할 著	지 을 作 과	權 勢 權 의	著 作 權 과
고 를 調 에	마 디 節 은	均 衡 맞 게	調 節 이 며
높 은 尊 에	무 거 울 重	높 혀 待 함	尊 重 이 고
두 루 周 에	가 邊 이 면	어 떤 들 레	周 邊 이 며
主 人 主 에	사 람 人 과	公 辨 될 公	主 人 公 이
무 거 울 重	求 할 要 는	貴 重 要 緊	重 要 하 다

自 身　자신

自 스스로 자 + 身 몸 신 = 自身

스스로[自]의 몸[身]이 自身이다.

그 사람의 몸 또는 바로 그 사람을 이르는 말.

❀ 다음 빈칸에 한자어의 독음과 한자의 훈음을 예쁘게 써 보세요.

自身 　　　 / 自 　　　 + 身 　　　

自身이 한 말은 반드시 지키도록 최선을 다해야 한다.

自	身	自	身						

作 品　작품

作 지을 작 + 品 물건 품 = 作品

만든[作] 물건[品]이 作品이다.

예술 창작의 결과물.

❀ 다음 빈칸에 한자어의 독음과 한자의 훈음을 예쁘게 써 보세요.

作品 　　　 / 作 　　　 + 品 　　　

이번 作品은 정말 의미있게 만들어진 것 같다.

作	品	作	品						

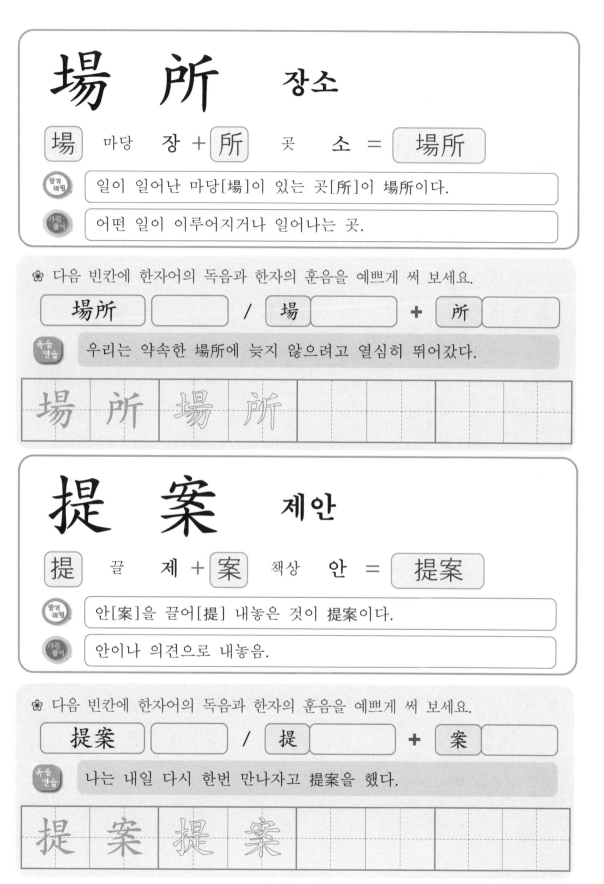

場 所　장소

場　마당　장　＋　所　곳　소　＝　場所

일이 일어난 마당[場]이 있는 곳[所]이 場所이다.

어떤 일이 이루어지거나 일어나는 곳.

❀ 다음 빈칸에 한자어의 독음과 한자의 훈음을 예쁘게 써 보세요.

場所 　　　／　場 　　　＋　所

우리는 약속한 場所에 늦지 않으려고 열심히 뛰어갔다.

場	所	場	所						

提 案　제안

提　끌　제　＋　案　책상　안　＝　提案

안[案]을 끌어[提] 내놓은 것이 提案이다.

안이나 의견으로 내놓음.

❀ 다음 빈칸에 한자어의 독음과 한자의 훈음을 예쁘게 써 보세요.

提案 　　　／　提 　　　＋　案

나는 내일 다시 한번 만나자고 提案을 했다.

提	案	提	案						

著作權 저작권

著 분명할 저 + 作 지을 작 + 權 권세 권 = 著作權

(말기해법) 저작물[著作]에 대한 권리[權]가 著作權이다.

(사전풀이) 저작물에 대한 저자 혹은 대리인의 권리.

❀ 다음 빈칸에 한자어의 독음과 한자의 훈음을 예쁘게 써 보세요.

著作權 □□□□ / 著 □□□ + 作 □□□ + 權 □□□

(독음연습) 우리나라는 아직 著作權에 대한 인식이 많이 부족한 것 같다.

著	作	權	著	作	權			

調節 조절

調 고를 조 + 節 마디 절 = 調節

(말기해법) 고르고[調] 적절하게[節] 맞추는 것이 調節이다.

(사전풀이) 어떤 대상의 상태를 조작하거나 제어하여 적절한 수준으로 맞춤.

❀ 다음 빈칸에 한자어의 독음과 한자의 훈음을 예쁘게 써 보세요.

調節 □□□ / 調 □□□ + 節 □□□

(독음연습) 물은 체온 調節에 반드시 필요하다.

調	節	調	節					

尊 重　존중

尊 높을 **존** + 重 무거울 **중** = 尊重

🔵 높이어[尊] 귀중하게[重] 대하는 것이 **尊重**이다.

🔵 높이어 귀중하게 대함.

❀ 다음 빈칸에 한자어의 독음과 한자의 훈음을 예쁘게 써 보세요.

尊重 [　] / 尊 [　] + 重 [　]

🔴 가까운 친구일수록 서로 **尊重**이 필요하다.

尊	重	尊	重				

周 邊　주변

周 두루 **주** + 邊 가 **변** = 周邊

🔵 둘레[周]의 가[邊]가 **周邊**이다.

🔵 어떤 대상의 둘레. 둥근 그릇의 아가리에 둘려 있는 전의 둘레.

❀ 다음 빈칸에 한자어의 독음과 한자의 훈음을 예쁘게 써 보세요.

周邊 [　] / 周 [　] + 邊 [　]

🔴 너는 너무 지나치게 **周邊** 사람들을 의식하는 것이 문제다.

周	邊	周	邊				

主人公 주인공

主 주인 주 + 人 사람 인 + 公 공변될 공 = 主人公

(알기 해법) 주도적[主]으로 공적[公]인 일을 하는 사람[人]이 主人公이다.

(사전 풀이) 어떤 일에서 주도적인 일을 하는 사람.

❀ 다음 빈칸에 한자어의 독음과 한자의 훈음을 예쁘게 써 보세요.

主人公 [　　] / 主 [　　] + 人 [　　] + 公 [　　]

(독음 연습) 우리 학교의 主人公은 우리들입니다.

主	人	公	主	人	公			

重要 중요

重 무거울 중 + 要 구할 요 = 重要

(알기 해법) 귀중하고[重] 요긴함[要]이 重要이다.

(사전 풀이) 귀중하고 요긴함.

❀ 다음 빈칸에 한자어의 독음과 한자의 훈음을 예쁘게 써 보세요.

重要 [　　] / 重 [　　] + 要 [　　]

(독음 연습) 가을 운동회는 우리 학교의 重要한 행사이다.

重	要	重	要				

1. 다음 ☐☐안에 알맞은 한자어를 <보기>에서 찾아 써 보세요.

보기
重要 自身 著作權 周邊 作品 尊重 主人公 提案 調節 場所

스 스 로 자	몸 신 이 면	자 기 의 몸	이 고
지 을 작 에	물 건 품 은	만 든 물 품	이 며
마 당 장 에	곳 소 하 면	무 엇 하 는	이 고
끝 제 에 다	책 상 안 은	의 견 내 는	이 며
분 명 할 저	지 을 작 과	권 세 권 의	과
고 를 조 에	마 디 절 은	균 형 맞 게	이 며
높 은 존 에	무 거 울 중	높 혀 대 함	이 고
두 루 주 에	가 변 이 면	어 떤 둘 레	이 며
주 인 주 에	사 람 인 과	공 변 될 공	이
무 거 울 중	구 할 요 는	귀 중 요 긴	하 다

2. 다음 한자어의 뜻을 써 보세요.

① 自身 _____
② 作品 _____
③ 場所 _____
④ 提案 _____
⑤ 著作權 _____

⑥ 調節 _____
⑦ 尊重 _____
⑧ 周邊 _____
⑨ 主人公 _____
⑩ 重要 _____

3. 다음 한자어의 독음을 쓰고, 한자를 예쁘게 써 보세요.

①	自身		自	身	自	身		
②	作品		作	品	作	品		
③	場所		場	所	場	所		
④	提案		提	案	提	案		
⑤	著作權		著	作	權	著	作	權
⑥	調節		調	節	調	節		
⑦	尊重		尊	重	尊	重		
⑧	周邊		周	邊	周	邊		
⑨	主人公		主	人	公	主	人	公
⑩	重要		重	要	重	要		

4. 다음 한자어에 독음과 알맞은 뜻을 바르게 연결하세요.

① 提案 •   • 조절 •   • 어떤 대상의 둘레.

② 調節 •   • 제안 •   • 어떤 대상의 상태를 조작하거나 제어하여 적절한 수준으로 맞춤.

③ 尊重 •   • 존중 •   • 안이나 의견으로 내놓음.

④ 周邊 •   • 중요 •   • 높이어 귀중하게 대함.

⑤ 重要 •   • 주변 •   • 귀중하고 요긴함.

出發 * 出處 * 討議 * 統一 * 平和
標識板 * 學級 * 協同 * 携帶 * 希望

📍 한글로 된 가사를 노래로 부르면 한자어의 뜻이 쉽게 이해돼요.

목 적 지 를	향 해 나 감	날 출 필 발	출 발 이 고
사 물 이 나	말 의 근 거	날 출 곳 처	출 처 이 며
칠 토 하 여	의 논 할 의	검 토 협 의	토 의 이 고
거 느 릴 통	한 일 하 니	하 나 되 는	통 일 이 며
평 평 할 평	화 할 화 는	평 온 화 목	평 화 이 고
우 듬 지 표	알 릴 지 에	널 빤 지 판	표 지 판 에
배 울 학 에	등 급 급 은	교 실 단 위	학 급 이 고
화 합 할 협	한 가 지 동	함 께 화 합	협 동 이 며
손 에 들 고	몸 에 지 닌	끌 휴 띠 대	휴 대 하 니
바 랄 희 에	바 랄 망 은	기 대 바 람	희 망 이 다

📍 이제는 한자로 쓰인 한자어 가사도 쉽게 읽을 수 있어요~~^ ^

目 的 地 를	向 해 나 감	날 出 필 發	出 發 이 고
事 物 이 나	말 의 根 據	날 出 곳 處	出 處 이 며
칠 討 하 여	議 論 할 議	檢 討 協 議	討 議 이 고
거 느 릴 統	한 一 하 니	하 나 되 는	統 一 이 며
平 平 할 平	和 할 和 는	平 穩 和 睦	平 和 이 고
우 듬 지 標	알 릴 識 에	널 빤 지 板	標 識 板 에
배 울 學 에	等 級 級 은	敎 室 單 位	學 級 이 고
和 合 할 協	한 가 지 同	함 께 和 合	協 同 이 며
손 에 들 고	몸 에 지 닌	끌 携 띠 帶	携 帶 하 니
바 랄 希 에	바 랄 望 은	期 待 바 람	希 望 이 다

出 發 출발

出 날 출 + 發 필 발 = 出發

나아가[出]기 위하여 피어나는[發] 것이 出發이다.

특정한 목적지나 방향을 향하여 나아감.

❀ 다음 빈칸에 한자어의 독음과 한자의 훈음을 예쁘게 써 보세요.

出發 [　] / 出 [　] + 發 [　]

졸업은 끝이 아니라 새로운 出發이다.

出	發	出	發						

出 處 출처

出 날 출 + 處 곳 처 = 出處

무엇이 나온[出] 곳[處]이 出處이다.

사물이나 말 따위가 생기거나 나온 근거.

❀ 다음 빈칸에 한자어의 독음과 한자의 훈음을 예쁘게 써 보세요.

出處 [　] / 出 [　] + 處 [　]

이 유물의 出處가 중요한 문제로 드러났다.

出	處	出	處						

討 議　토의

討　칠　토　＋　議　의논할　의　＝　討議

검토[討]하고 협의하는[議] 것이 討議이다.

어떤 문제에 대하여 함께 검토하고 협의함.

❀ 다음 빈칸에 한자어의 독음과 한자의 훈음을 예쁘게 써 보세요.

| 討議 | | / | 討 | | + | 議 | |

우리는 불우한 급우를 도울 방법에 대해 討議를 하였다.

| 討 | 議 | 討 | 議 | | | | | |

統 一　통일

統　거느릴　통　＋　一　한　일　＝　統一

하나로[一] 합치는[統] 것이 統一이다.

나누어진 것을 하나로 합침.

❀ 다음 빈칸에 한자어의 독음과 한자의 훈음을 예쁘게 써 보세요.

| 統一 | | / | 統 | | + | 一 | |

우리의 소원은 統一이다.

| 統 | 一 | 統 | 一 | | | | | |

平 和 평화

平 평평할 평 + 和 화할 화 = 平和

평온하고[平] 화목한[和] 것이 平和이다.

전쟁이나 갈등이 없이 평온함.

❀ 다음 빈칸에 한자어의 독음과 한자의 훈음을 예쁘게 써 보세요.

平和 [　　] / 平 [　　] + 和 [　　]

우리의 소원은 平和 통일이다.

平	和	平	和						

標識板 표지판

標 우듬지 표 + 識 표지 지 + 板 널빤지 판 = 標識板

우듬지[標]에 표식[識]을 해두는 널빤지[板]가 標識板이다.

어떤 사실을 알리기 위해 그 내용을 적거나 그려 놓은 판.

❀ 다음 빈칸에 한자어의 독음과 한자의 훈음을 예쁘게 써 보세요.

標識板 [　　] / 標 [　　] + 識 [　　] + 板 [　　]

운전자는 도로 標識板을 보고 안전 운행을 하여야 한다.

標	識	板	標	識	板			

學 級 학급

學 배울 학 + 級 등급 급 = 學級

배우는[學] 단위의 등급[級]이 學級이다.

한 교실에서 공부하는 학생의 단위 집단.

❀ 다음 빈칸에 한자어의 독음과 한자의 훈음을 예쁘게 써 보세요.

| 學級 | | / | 學 | | + | 級 | |

우리 학교는 한 학년에 네 개 學級이 있다.

學	級	學	級						

協 同 협동

協 합할 협 + 同 한가지 동 = 協同

한가지[同]로 합하는[協] 것이 協同이다.

서로 마음과 힘을 합함.

❀ 다음 빈칸에 한자어의 독음과 한자의 훈음을 예쁘게 써 보세요.

| 協同 | | / | 協 | | + | 同 | |

우리는 놀이에서도 協同 정신을 배울 수 있다.

協	同	協	同						

携 帯 휴대

携 끌 휴 + 帶 띠 대 = 携帯

끌어서[携] 띠에[帶] 차는 것이 携帯이다.

사람이 다닐 때 어떤 사물을 손에 들거나 몸에 지님.

✿ 다음 빈칸에 한자어의 독음과 한자의 훈음을 예쁘게 써 보세요.

携帯 [ ] / 携 [ ] + 帶 [ ]

노트북 컴퓨터는 携帯가 용이하다는 것이 장점이다.

携	帯	携	帯					

希 望 희망

希 바랄 희 + 望 바랄 망 = 希望

바라고[希] 바라는[望] 것이 希望이다.

앞일에 대하여 좋은 결과를 기대함.

✿ 다음 빈칸에 한자어의 독음과 한자의 훈음을 예쁘게 써 보세요.

希望 [ ] / 希 [ ] + 望 [ ]

형은 언제나 希望에 넘쳐 있었다.

希	望	希	望					

1. 다음 ☐☐안에 알맞은 한자어를 <보기>에서 찾아 써 보세요.

보기	希望 出發 携帶 出處 協同 討議 學級 統一 平和 標識板

목 적 지 를	향 해 나 감	날 출 필 발		이 고
사 물 이 나	말 의 근 거	날 출 곳 처		이 며
칠 토 하 여	의 논 할 의	검 토 협 의		이 고
거 느 릴 통	한 일 하 니	하 나 되 는		이 며
평 평 할 평	화 할 화 는	평 온 화 목		이 고
우 듬 지 표	알 릴 지 에	널 빤 지 판		에
배 울 학 에	등 급 급 은	교 실 단 위		이 고
화 합 할 협	한 가 지 동	함 께 화 합		이 며
손 에 들 고	몸 에 지 닌	끌 휴 띠 대		하 니
바 랄 희 에	바 랄 망 은	기 대 바 람		이 다

2. 다음 한자어의 뜻을 써 보세요.

① 出發

② 出處

③ 討議

④ 統一

⑤ 平和

⑥ 標識板

⑦ 學級

⑧ 協同

⑨ 携帶

⑩ 希望

3. 다음 한자어의 독음을 쓰고, 한자를 예쁘게 써 보세요.

①	出發		出	發	出	發		
②	出處		出	處	出	處		
③	討議		討	議	討	議		
④	統一		統	一	統	一		
⑤	平和		平	和	平	和		
⑥	標識板		標	識	板	標	識	板
⑦	學級		學	級	學	級		
⑧	協同		協	同	協	同		
⑨	携帶		携	帶	携	帶		
⑩	希望		希	望	希	望		

4. 다음 한자어에 독음과 알맞은 뜻을 바르게 연결하세요.

① 討議 • • 희망 • • 사람이 다닐 때 어떤 사물을 손에 들거나 몸에 지님.

② 携帶 • • 토의 • • 앞일에 대하여 좋은 결과를 기대함.

③ 希望 • • 휴대 • • 어떤 문제에 대하여 함께 검토하고 협의함.

④ 統一 • • 출처 • • 나누어진 것을 하나로 합침.

⑤ 出處 • • 통일 • • 사물이나 말 따위가 생기거나 나온 근거.

사회

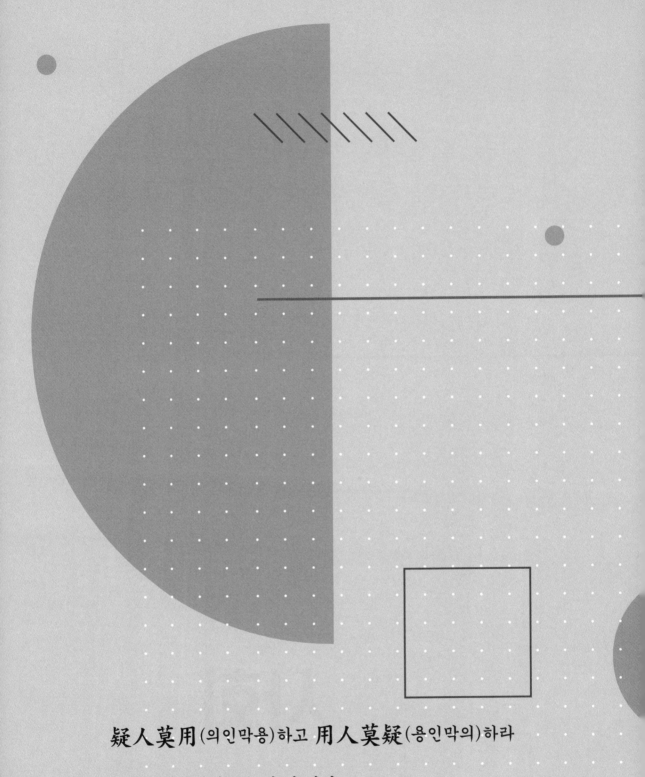

疑人莫用(의인막용)하고 用人莫疑(용인막의)하라

사람을 의심하거든 쓰지 말 것이고,
사람을 썼거든 의심하지 말라. 《인성보감》

📍 한글로 된 가사를 노래로 부르면 한자어의 뜻이 쉽게 이해돼요.

미 개 지 를	개 척 발 전	열 개 필 발	개 발 이 고
결 단 할 결	정 할 정 은	일 의 매 듭	결 정 이 며
장 인 공 에	사 내 부 는	배 워 익 힘	공 부 이 고
사 내 남 에	아 들 자 는	사 내 출 생	남 자 이 며
늙 을 노 에	사 람 인 은	늙 은 사 람	노 인 이 고
많 을 다 에	모 양 양 은	여 러 모 양	다 양 이 며
큰 대 하 여	임 금 왕 은	선 왕 높 임	대 왕 이 고
이 를 도 에	붙 을 착 은	다 다 른 다	도 착 이 며
일 만 만 에	같 을 약 은	만 일 혹 시	만 약 이 고
글 월 문 에	될 화 하 면	글 로 변 화	문 화 이 다

📍 이제는 한자로 쓰인 한자어 가사도 쉽게 읽을 수 있어요~~^ ^

未 開 地 를	開 拓 發 展	열 開 필 發	開 發 이 고
決 斷 할 決	定 할 定 은	일 의 매 듭	決 定 이 며
匠 人 工 에	사 내 夫 는	배 워 익 힘	工 夫 이 고
사 내 男 에	아 들 子 는	사 내 出 生	男 子 이 며
늙 을 老 에	사 람 人 은	늙 은 사 람	老 人 이 고
많 을 多 에	模 樣 樣 은	여 러 模 樣	多 樣 이 며
큰 大 하 여	임 금 王 은	先 王 높 임	大 王 이 고
이 를 到 에	붙 을 着 은	다 다 른 다	到 着 이 며
一 萬 萬 에	같 을 若 은	萬 一 或 是	萬 若 이 고
글 월 文 에	될 化 하 면	글 로 變 化	文 化 이 다

開 發　개발

開 열 개 + 發 필 발 = 開發

열어서[開] 피어나게[發] 하는 것이 開發이다.

새로운 것을 연구하여 만들어 냄.

❀ 다음 빈칸에 한자어의 독음과 한자의 훈음을 예쁘게 써 보세요.

| 開發 | | / | 開 | | + | 發 | |

아버지는 소프트웨어 開發 업체에서 근무하신다.

開	發	開	發						

決 定　결정

決 결단할 결 + 定 정할 정 = 決定

결단하여[決] 정하는[定] 것이 決定이다.

행동이나 태도를 분명하게 정함.

❀ 다음 빈칸에 한자어의 독음과 한자의 훈음을 예쁘게 써 보세요.

| 決定 | | / | 決 | | + | 定 | |

부모님께서는 항상 나의 決定을 믿어주십니다.

決	定	決	定						

工 夫 공부

工 장인 공 + 夫 사내 부 = 工夫

장인[工]인 사내[夫]처럼 힘써 하는 것이 工夫이다.

학문이나 기술을 배우고 익힘.

❀ 다음 빈칸에 한자어의 독음과 한자의 훈음을 예쁘게 써 보세요.

工夫 [　] / 工 [　] + 夫 [　]

독음연습 나는 교과서 한자어 工夫를 한 후 성적이 향상되었다.

工	夫	工	夫					

男 子 남자

男 사내 남 + 子 아들 자 = 男子

사내[男]인 사람[子]이 男子이다.

남성의 성(性)을 지닌 사람.

❀ 다음 빈칸에 한자어의 독음과 한자의 훈음을 예쁘게 써 보세요.

男子 [　] / 男 [　] + 子 [　]

독음연습 요즈음 초등학교에는 여자 선생이 男子 선생보다 더 많다.

男	子	男	子					

老 人　노인

老　늙을　노 ＋ 人　사람　인 ＝ 老人

늙은[老] 사람[人]이 老人이다.

나이가 많이 들어 늙은 사람.

❀ 다음 빈칸에 한자어의 독음과 한자의 훈음을 예쁘게 써 보세요.

老人 [　　] / 老 [　　] ＋ 人 [　　]

무의탁 老人들은 겨울을 나는 것이 가장 두렵다고 하였다.

老 人 老 人

多 樣　다양

多　많을　다 ＋ 樣　모양　양 ＝ 多樣

많은[多] 모양[樣]이 多樣이다.

종류가 여러 가지로 많음.

❀ 다음 빈칸에 한자어의 독음과 한자의 훈음을 예쁘게 써 보세요.

多樣 [　　] / 多 [　　] ＋ 樣 [　　]

학급회의 때 급우들의 多樣한 의견이 나왔다.

多 樣 多 樣

大 王　대왕

大 큰 대 ＋ 王 임금 왕 ＝ 大王

 큰[大] 임금[王]이 大王이다.

 '선왕(先王)'을 높여 이르던 말.

❀ 다음 빈칸에 한자어의 독음과 한자의 훈음을 예쁘게 써 보세요.

大王 □ / 大 □ ＋ 王 □

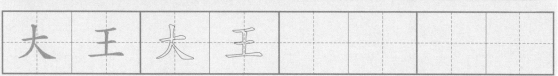 세종大王은 훈민정음이라는 위대한 문자를 창제하였다.

大	王	大	王						

到 着　도착

到 이를 도 ＋ 着 붙을 착 ＝ 到着

이르러[到] 붙는[着] 것이 到着이다.

목적한 곳에 다다름.

❀ 다음 빈칸에 한자어의 독음과 한자의 훈음을 예쁘게 써 보세요.

到着 □ / 到 □ ＋ 着 □

소방차가 到着하였으나 불법 주차 차량 때문에 애를 태운다.

到	着	到	着						

萬 若　만약

萬 일만 만 + 若 같을 약 = 萬若

(맑기비법) 일만[萬] 가지와 같은[若] 경우가 萬若이다.

(사전풀이) 있을지도 모르는 뜻밖의 경우에.

❀ 다음 빈칸에 한자어의 독음과 한자의 훈음을 예쁘게 써 보세요.

萬若 [　] / 萬 [　] + 若 [　]

(독음연습) 우리는 萬若의 사태에 대비할 준비를 하였다.

萬	若	萬	若					

文 化　문화

文 글월 문 + 化 될 화 = 文化

(맑기비법) 글월[文]로 변화 되어[化]가는 것이 文化이다.

(사전풀이) 진리를 구하고 끊임없이 진보, 향상하려는 인간의 정신적 활동.

❀ 다음 빈칸에 한자어의 독음과 한자의 훈음을 예쁘게 써 보세요.

文化 [　] / 文 [　] + 化 [　]

(독음연습) 우리의 훌륭한 文化와 전통을 자랑스럽게 생각해야 한다.

文	化	文	化					

1. 다음 □□안에 알맞은 한자어를 <보기>에서 찾아 써 보세요.

보기	老人 開發 文化 多樣 決定 萬若 大王 工夫 到着 男子

미 개 지 를	개 척 발 전	열 개 필 발		이 고
결 단 할 결	정 할 정 은	일 의 매 듭		이 며
장 인 공 에	사 내 부 는	배 워 익 힘		이 고
사 내 남 에	아 들 자 는	사 내 출 생		이 며
늙 을 노 에	사 람 인 은	늙 은 사 람		이 고
많 을 다 에	모 양 양 은	여 러 모 양		이 며
큰 대 하 여	임 금 왕 은	선 왕 높 임		이 고
이 를 도 에	붙 을 착 은	다 다 른 다		이 며
일 만 만 에	같 을 약 은	만 일 혹 시		이 고
글 월 문 에	될 화 하 면	글 로 변 화		이 다

2. 다음 한자어의 뜻을 써 보세요.

① 開發
② 決定
③ 工夫
④ 男子
⑤ 老人

⑥ 多樣
⑦ 大王
⑧ 到着
⑨ 萬若
⑩ 文化

3. 다음 한자어의 독음을 쓰고, 한자를 예쁘게 써 보세요.

①	開發		開	發	開	發	
②	決定		決	定	決	定	
③	工夫		工	夫	工	夫	
④	男子		男	子	男	子	
⑤	老人		老	人	老	人	
⑥	多樣		多	樣	多	樣	
⑦	大王		大	王	大	王	
⑧	到着		到	着	到	着	
⑨	萬若		萬	若	萬	若	
⑩	文化		文	化	文	化	

4. 다음 한자어에 독음과 알맞은 뜻을 바르게 연결하세요.

① 開發 ・　・ 문화 ・　・ 행동이나 태도를 분명하게 정함.

② 多樣 ・　・ 결정 ・　・ 진리를 구하고 끊임없이 진보, 향상하려는 인간의 정신적 활동.

③ 到着 ・　・ 도착 ・　・ 목적한 곳에 다다름.

④ 決定 ・　・ 다양 ・　・ 새로운 것을 연구하여 만들어 냄.

⑤ 文化 ・　・ 개발 ・　・ 종류가 여러 가지로 많음.

📍 한글로 된 가사를 노래로 부르면 한자어의 뜻이 쉽게 이해돼요.

필 발 에 다	이 를 달 은	성 장 성 숙	발 달 이 고
좋 고 높 은	단 계 나 감	필 발 펼 전	발 전 이 며
아 니 불 에	편 할 편 은	편 치 못 한	불 편 이 고
모 일 사 에	모 일 회 는	인 간 집 단	사 회 이 며
세 상 세 에	지 경 계 는	모 든 나 라	세 계 이 고
신 신 에 다	기 이 할 기	색 다 르 다	신 기 하 며
완 전 할 완	이 룰 성 은	완 전 이 룸	완 성 이 고
옮 길 이 에	움 직 일 동	움 직 여 감	이 동 이 며
전 할 전 에	거 느 릴 통	전 해 져 온	전 통 이 고
주 인 주 에	제 목 제 는	중 심 제 목	주 제 이 다

📍 이제는 한자로 쓰인 한자어 가사도 쉽게 읽을 수 있어요~~^^

필 發 에 다	이 를 達 은	成 長 成 熟	發 達 이 고
좋 고 높 은	段 階 나 감	필 發 펼 展	發 展 이 며
아 니 不 에	便 할 便 은	便 치 못 한	不 便 이 고
모 일 社 에	모 일 會 는	人 間 集 團	社 會 이 며
世 上 世 에	地 境 界 는	모 든 나 라	世 界 이 고
神 神 에 다	奇 異 할 奇	色 다 르 다	神 奇 하 며
完 全 할 完	이 룰 成 은	完 全 이 룸	完 成 이 고
옮 길 移 에	움 직 일 動	움 직 여 감	移 動 이 며
傳 할 傳 에	거 느 릴 統	傳 해 져 온	傳 統 이 고
主 人 主 에	題 目 題 는	中 心 題 目	主 題 이 다

發 達 발달

發 필 발 + 達 이를 달 = 發達

피어나서[發] 이르는[達] 것이 發達이다.

신체, 정서, 지능 따위가 성장하거나 성숙함.

❀ 다음 빈칸에 한자어의 독음과 한자의 훈음을 예쁘게 써 보세요.

發達		/	發		+	達	

독음연습 기술이 發達하면서 건물도 조립식으로 짓는다.

發	達	發	達					

發 展 발전

發 필 발 + 展 펼 전 = 發展

피어나서[發] 더 좋게 펼쳐지는[展] 것이 發展이다.

사물이 보다 낫고 더 좋은 상태로 나아감.

❀ 다음 빈칸에 한자어의 독음과 한자의 훈음을 예쁘게 써 보세요.

發展		/	發		+	展	

독음연습 민족과 언어는 역사적 發展과 상관성이 있다고 배웠다.

發	展	發	展					

不 便　불편

不　아니　불　+　便　편할　편　=　不便

(팔기해뵘) 편하지[便] 아니함[不]이 不便이다.

(사전풀이) 어떤 것을 사용하거나 이용하는 것이 거북하거나 괴로움.

❀ 다음 빈칸에 한자어의 독음과 한자의 훈음을 예쁘게 써 보세요.

| 不便 | | / | 不 | | + | 便 | |

(독음연습) 가장 무더운 날에 정전이 되어 큰 不便을 겪었다.

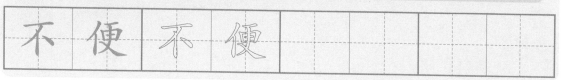

社 會　사회

社　모일　사　+　會　모일　회　=　社會

(팔기해뵘) 모이고[社] 모이는[會] 것이 社會이다.

(사전풀이) 공동생활을 영위하는 모든 형태의 인간 집단.

❀ 다음 빈칸에 한자어의 독음과 한자의 훈음을 예쁘게 써 보세요.

| 社會 | | / | 社 | | + | 會 | |

(독음연습) 건강한 社會는 비판이 자유롭고 개방적이다.

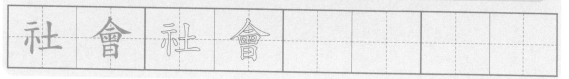

世界 세계

世 세상 세 + 界 지경 계 = 世界

세상[世]의 지경[界] 안이 世界이다.

지구 위의 모든 나라.

❀ 다음 빈칸에 한자어의 독음과 한자의 훈음을 예쁘게 써 보세요.

世界 [ ] / 世 [ ] + 界 [ ]

우리나라는 世界 평화와 인류 번영에 기여하고 있다.

世	界	世	界					

神奇 신기

神 신 신 + 奇 기이할 기 = 神奇

신[神]같이 기이한[奇] 것이 神奇이다.

믿을 수 없을 정도로 색다르고 놀랍다.

❀ 다음 빈칸에 한자어의 독음과 한자의 훈음을 예쁘게 써 보세요.

神奇 [ ] / 神 [ ] + 奇 [ ]

오늘은 국어 시간에 '神奇한 사과나무'에 대해 배웠다.

神	奇	神	奇					

完 成　완성

完 완전할 완 + 成 이룰 성 = 完成

완전하게[完] 이루어[成]내는 것이 完成이다.

어떤 일을 다 이루어 완전한 것으로 만듦.

❀ 다음 빈칸에 한자어의 독음과 한자의 훈음을 예쁘게 써 보세요.

完成 　　　 / 完 　　　 + 成 　　　

우리 모둠은 힘을 합쳐서 학급 문집을 完成했다.

完	成	完	成						

移 動　이동

移 옮길 이 + 動 움직일 동 = 移動

옮기어[移] 움직이는[動] 것이 移動이다.

움직여 옮김.

❀ 다음 빈칸에 한자어의 독음과 한자의 훈음을 예쁘게 써 보세요.

移動 　　　 / 移 　　　 + 動 　　　

우리는 철새들의 移動 경로를 관찰해 보기로 했다.

移	動	移	動						

傳 統　전통

傳 전할 전 + 統 거느릴 통 = 傳統

밤기 배명　전해져[傳] 온 계통[統]이 傳統이다.

사전 풀이　과거로부터 어떤 사상이나 관습 등이 현재까지 이어져 내려오는 것.

❀ 다음 빈칸에 한자어의 독음과 한자의 훈음을 예쁘게 써 보세요.

傳統 [　　] / 傳 [　　] + 統 [　　]

독음 연습　오늘 숙제는 傳統놀이의 종류에 대해서 알아보는 것이다.

傳	統	傳	統						

主 題　주제

主 주인 주 + 題 제목 제 = 主題

밤기 배명　주된[主] 제목[題]이 主題이다.

사전 풀이　대화나 연구 따위에서 중심이 되는 문제.

❀ 다음 빈칸에 한자어의 독음과 한자의 훈음을 예쁘게 써 보세요.

主題 [　　] / 主 [　　] + 題 [　　]

독음 연습　이 책은 主題를 파악하기가 쉽지 않다.

主	題	主	題						

1. 다음 ⬚⬚안에 알맞은 한자어를 <보기>에서 찾아 써 보세요.

보기	發達 神奇 主題 完成 不便 社會 世界 移動 傳統 發展

필 발 에 다	이 를 달 은	성 장 성 숙		이 고
좋 고 높 은	단 계 나 감	필 발 펼 전		이 며
아 니 불 에	편 할 편 은	편 치 못 한		이 고
모 일 사 에	모 일 회 는	인 간 집 단		이 며
세 상 세 에	지 경 계 는	모 든 나 라		이 고
신 신 에 다	기 이 할 기	색 다 르 다		하 며
완 전 할 완	이 룰 성 은	완 전 이 룸		이 고
옮 길 이 에	움 직 일 동	움 직 여 감		이 며
전 할 전 에	거 느 릴 통	전 해 져 온		이 고
주 인 주 에	제 목 제 는	중 심 제 목		이 다

2. 다음 한자어의 뜻을 써 보세요.

① 發達

② 發展

③ 不便

④ 社會

⑤ 世界

⑥ 神奇

⑦ 完成

⑧ 移動

⑨ 傳統

⑩ 主題

3. 다음 한자어의 독음을 쓰고, 한자를 예쁘게 써 보세요.

①	發達		發	達	發	達		
②	發展		發	展	發	展		
③	不便		不	便	不	便		
④	社會		社	會	社	會		
⑤	世界		世	界	世	界		
⑥	神奇		神	奇	神	奇		
⑦	完成		完	成	完	成		
⑧	移動		移	動	移	動		
⑨	傳統		傳	統	傳	統		
⑩	主題		主	題	主	題		

4. 다음 한자어에 독음과 알맞은 뜻을 바르게 연결하세요.

① 傳統 •   • 주제 •   • 과거로부터 어떤 사상이나 관습 등이 현재까지 이어져 내려오는 것.

② 主題 •   • 전통 •   • 움직여 옮김.

③ 移動 •   • 이동 •   • 사물이 보다 낫고 더 좋은 상태로 나아감.

④ 發達 •   • 발전 •   • 신체, 정서, 지능 따위가 성장하거나 성숙함.

⑤ 發展 •   • 발달 •   • 대화나 연구 따위에서 중심이 되는 문제.

🔵 한글로 된 가사를 노래로 부르면 한자어의 뜻이 쉽게 이해돼요.

땅 지 하 고	그 림 도 는	땅 의 그 림	지 도 이 고
땅 지 하 고	지 경 역 은	일 정 구 획	지 역 이 며
땅 지 에 다	모 양 형 은	땅 의 모 양	지 형 이 고
참 여 할 참	더 불 여 는	참 가 관 여	참 여 이 며
특 별 할 특	부 를 징 은	특 별 한 점	특 징 이 고
입 을 피 에	해 할 해 는	손 해 입 음	피 해 이 며
배 울 학 에	학 교 교 는	배 우 는 집	학 교 이 고
한 국 한 과	나 라 국 은	대 한 민 국	한 국 이 며
풀 해 에 다	터 질 결 은	결 말 지 음	해 결 이 니
고 리 환 에	지 경 경 은	생 활 주 위	환 경 이 다

🔵 이제는 한자로 쓰인 한자어 가사도 쉽게 읽을 수 있어요~~^^

땅 地 하 고	그 림 圖 는	땅 의 그 림	地 圖 이 고
땅 地 하 고	地 境 域 은	一 定 區 劃	地 域 이 며
땅 地 에 다	模 樣 形 은	땅 의 模 樣	地 形 이 고
參 與 할 參	더 불 與 는	參 加 關 與	參 與 이 며
特 別 할 特	부 를 徵 은	特 別 한 點	特 徵 이 고
입 을 被 에	害 할 害 는	損 害 입 음	被 害 이 며
배 울 學 에	學 校 校 는	배 우 는 집	學 校 이 고
韓 國 韓 과	나 라 國 은	大 韓 民 國	韓 國 이 며
풀 解 에 다	터 질 決 은	結 末 지 음	解 決 이 니
고 리 環 에	地 境 境 은	生 活 周 圍	環 境 이 다

地 圖　지도

地 땅 지 + 圖 그림 도 = 地圖

땅[地]을 그려 놓은[圖] 것이 地圖이다.

지구 표면의 일부 또는 전체의 상태를 일정한 비율로 줄여서 평면상에 나타낸 그림.

❀ 다음 빈칸에 한자어의 독음과 한자의 훈음을 예쁘게 써 보세요.

地圖 □ / 地 □ + 圖 □

독음연습 나는 어렸을 때부터 세계 地圖를 보고 자랐다.

地	圖	地	圖						

地 域　지역

地 땅 지 + 域 지경 역 = 地域

땅[地]의 구역[域]이 地域이다.

일정하게 구획된 어느 범위의 토지.

❀ 다음 빈칸에 한자어의 독음과 한자의 훈음을 예쁘게 써 보세요.

地域 □ / 地 □ + 域 □

독음연습 설악산 地域에 폭설 주의보가 내렸다.

地	域	地	域						

地 形 지형

地 땅 지 + 形 모양 형 = 地形

암기체험 땅[地]의 모양[形]이 地形이다.

어원풀이 땅의 생긴 모양.

❀ 다음 빈칸에 한자어의 독음과 한자의 훈음을 예쁘게 써 보세요.

| 地形 | | / | 地 | | + | 形 | |

독음연습 우리 고장은 넓게 펼쳐져 있는 평탄한 地形이다.

| 地 | 形 | 地 | 形 | | | | | |

參 與 참여

參 참여할 참 + 與 더불 여 = 參與

암기체험 참가[參]하여 함께[與] 하는 것이 參與이다.

어원풀이 어떤 일이나 모임에 참가하여 관계함.

❀ 다음 빈칸에 한자어의 독음과 한자의 훈음을 예쁘게 써 보세요.

| 參與 | | / | 參 | | + | 與 | |

독음연습 나는 작년부터 환경운동에 參與 하고 있다.

| 參 | 與 | 參 | 與 | | | | | |

特 徵　특징

特 특별할 **특** + 徵 부를 **징** = 特徵

(팔기해킹) 특별한[特] 조짐[徵]이 特徵이다.

(사전풀이) 다른 것에 비하여 특별히 눈에 뜨이는 점.

❀ 다음 빈칸에 한자어의 독음과 한자의 훈음을 예쁘게 써 보세요.

| 特徵 | | / | 特 | | + | 徵 | |

(독음연습) 이 제품의 特徵은 간편성과 효율성이다.

特	徵	特	徵						

被 害　피해

被 입을 **피** + 害 해칠 **해** = 被害

(팔기해킹) 손해[害]를 입은[被] 것이 被害이다.

(사전풀이) 재산, 명예, 신체 따위에 손해를 입음.

❀ 다음 빈칸에 한자어의 독음과 한자의 훈음을 예쁘게 써 보세요.

| 被害 | | / | 被 | | + | 害 | |

(독음연습) 이번 태풍 때문에 남해안 지역의 被害가 크다고 한다.

被	害	被	害						

學 校　학교

學 배울 학 ＋ 校 학교 교 ＝ 學校

배우는[學] 집[校]이 學校이다.

학생에게 교육을 실시하는 기관.

❀ 다음 빈칸에 한자어의 독음과 한자의 훈음을 예쁘게 써 보세요.

學校 ☐ / 學 ☐ ＋ 校 ☐

우리 學校 야구팀이 전국체전에서 우승했다.

學	校	學	校						

韓 國　한국

韓 한국 한 ＋ 國 나라 국 ＝ 韓國

한민족[韓]이 살고 있는 나라[國]가 韓國이다.

아시아 대륙 동북부의 한반도에 위치하고 있는 민주 공화국.

❀ 다음 빈칸에 한자어의 독음과 한자의 훈음을 예쁘게 써 보세요.

韓國 ☐ / 韓 ☐ ＋ 國 ☐

나의 조국 韓國이 정말 자랑스럽다.

韓	國	韓	國						

解決 해결

解 풀 해 + 決 터질 결 = 解決

(암기비법) 풀거나[解] 잘 처리하는[決] 것이 解決이다.

(사전풀이) 어떤 문제나 사건 따위를 풀거나 잘 처리함.

❀ 다음 빈칸에 한자어의 독음과 한자의 훈음을 예쁘게 써 보세요.

| 解決 | | / | 解 | | + | 決 | |

(독음연습) 이 문제의 解決방안이 있으면 발표해 주기 바랍니다.

| 解 | 決 | 解 | 決 | | | | | | |

環境 환경

環 고리 환 + 境 지경 경 = 環境

(암기비법) 고리[環]처럼 생긴 지경[境]이 環境이다.

(사전풀이) 생활하는 주위의 상태.

❀ 다음 빈칸에 한자어의 독음과 한자의 훈음을 예쁘게 써 보세요.

| 環境 | | / | 環 | | + | 境 | |

(독음연습) 우리 주변 環境을 깨끗이 정리하였다.

| 環 | 境 | 環 | 境 | | | | | | |

1. 다음 ☐☐안에 알맞은 한자어를 <보기>에서 찾아 써 보세요.

보기	被害 地圖 環境 地域 解決 參與 地形 韓國 特徵 學校

땅 지 하 고	그 림 도 는	땅 의 그 림	☐ ☐ 이 고
땅 지 하 고	지 경 역 은	일 정 구 획	☐ ☐ 이 며
땅 지 에 다	모 양 형 은	땅 의 모 양	☐ ☐ 이 고
참 여 할 참	더 불 여 는	참 가 관 여	☐ ☐ 이 며
특 별 할 특	부 를 징 은	특 별 한 점	☐ ☐ 이 고
입 을 피 에	해 할 해 는	손 해 입 음	☐ ☐ 이 며
배 울 학 에	학 교 교 는	배 우 는 집	☐ ☐ 이 고
한 국 한 과	나 라 국 은	대 한 민 국	☐ ☐ 이 며
풀 해 에 다	터 질 결 은	결 말 지 음	☐ ☐ 이 니
고 리 환 에	지 경 경 은	생 활 주 위	☐ ☐ 이 다

2. 다음 한자어의 뜻을 써 보세요.

① 地圖 ☐

② 地域 ☐

③ 地形 ☐

④ 參與 ☐

⑤ 特徵 ☐

⑥ 被害 ☐

⑦ 學校 ☐

⑧ 韓國 ☐

⑨ 解決 ☐

⑩ 環境 ☐

3. 다음 한자어의 독음을 쓰고, 한자를 예쁘게 써 보세요.

① 地圖 　　　　　 地 圖 地 圖

② 地域 　　　　　 地 域 地 域

③ 地形 　　　　　 地 形 地 形

④ 參與 　　　　　 參 與 參 與

⑤ 特徵 　　　　　 特 徵 特 徵

⑥ 被害 　　　　　 被 解 被 解

⑦ 學校 　　　　　 學 校 學 校

⑧ 韓國 　　　　　 韓 國 韓 國

⑨ 解決 　　　　　 解 決 解 決

⑩ 環境 　　　　　 環 境 環 境

4. 다음 한자어에 독음과 알맞은 뜻을 바르게 연결하세요.

① 地圖 ・ ・ 지도 ・ ・ 땅의 생긴 모양.

② 地域 ・ ・ 지형 ・ ・ 지구 표면의 일부 또는 전체의 상태를 일정한 비율로 줄여서 평면상에 나타낸 그림.

③ 地形 ・ ・ 지역 ・ ・ 생활하는 주위의 상태.

④ 解決 ・ ・ 환경 ・ ・ 일정하게 구획된 어느 범위의 토지.

⑤ 環境 ・ ・ 해결 ・ ・ 어떤 문제나 사건 따위를 풀거나 잘 처리함.

초등교과서 한자어

평가문제

6학년

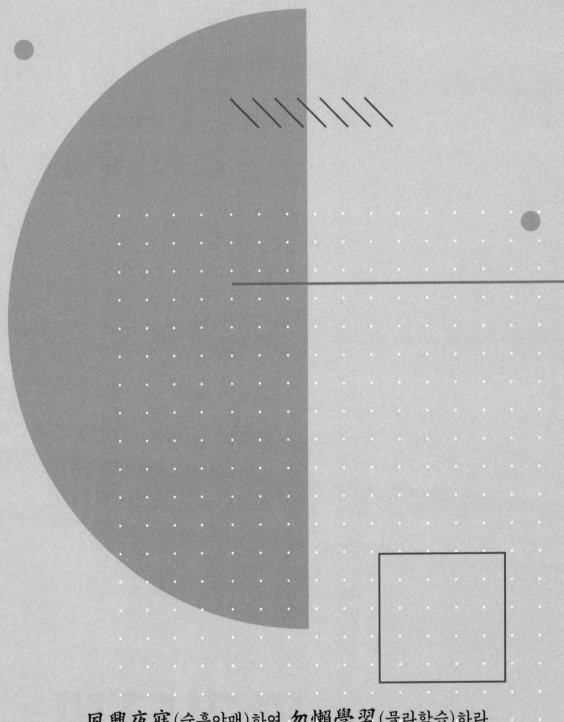

夙興夜寐(숙흥야매)하여 勿懶學習(물라학습)하라

아침 일찍 일어나고 밤늦게 자서,
배우고 익히기를 게을리 하지 말라. 《인성보감》

초등교과서 한자어 [6학년] 평가문제지

• (　　　　　　　)학교　　•(　　)학년　　•성명(　　　　　　)

[유의사항]

1. 문제지를 받으면, 문제를 정확히 읽고 답을 답안지에 적습니다.

2. 문제지에 학교 이름과 학년 그리고 성명을 정자로 씁니다.

3. '시작' 시간을 확인 후 문제를 풀기 시작합니다.

국어 [40문항]

■ 다음 한자어와 독음을 바르게 연결하세요.

1. 考慮 •　　　　　　① • 채소

2. 選擇 •　　　　　　② • 파악

3. 保護 •　　　　　　③ • 보호

4. 把握 •　　　　　　④ • 선택

5. 菜蔬 •　　　　　　⑤ • 고려

■ 다음 뜻에 알맞은 한자어의 번호를 <보기>에서 찾아 쓰세요.

> 보기　　①未來　②文段　③廣告

6. 세상에 널리 알림. ……… (　　)

7. 앞으로 올 때. ……………… (　　)

■ 다음 중 한자어의 독음이 바른 것의 번호를 쓰세요.

8. 狀態 ………………………… (　　)
①상능　②상태　③장능　④장태

9. 資料 ………………………… (　　)
①차료　②자과　③차과　④자료

■ 다음 한자어의 뜻이 바른 것의 번호를 쓰세요.

10. 經驗 ………………………… (　　)
① 자신이 실제로 해 보거나 겪어 봄.
② 경제를 시험해 봄.
③ 경력을 시험으로 결정함.
④ 남이 해 보거나 겪어본 일.

11. 秘密 ………………………… (　　)
① 빽빽하게 숨겨짐.
② 비밀스럽게 이야기 함.
③ 비서만 아는 밀실.
④ 숨기어 남에게 드러내거나 알리지 말아야 할 일.

■ 다음 문장 속 밑줄 친 한자어의 독음이 바른 것의 번호를 쓰세요.

12. 일본은 엄연히 대한민국 영토인 獨島의 소유권을 주장한다.…(　　)
①독조　②촉도　③독도　④촉조

13. 단체 여행을 할 때에는 인원 **點檢**을 철저히 해야 한다. ……(　　)
①흑험　②점검　③흑검　④점험

14. 회의실에서는 열띤 **討論**이 벌어지고 있다. ………………(　　)
①토륜　②촌론　③토론　④촌륜

15. 세 살 적 버릇 여든까지 간다는 **俗談**은 결코 헛말이 아니다. (　　)
①속담　②속염　③곡담　④곡염

16. 단 한 번의 **判斷** 착오가 엄청난 결과를 가져왔다. ……………(　　)
①반단　②판단　③판계　④반계

17. 아버지, 어머니 **安寧**히 주무셨습니까? …………………………(　　)
①우령　②안영　③우영　④안녕

18. 나는 **恒常** 아침 6시에 일어나서 운동을 한다. ………………(　　)
①항당　②환상　③항상　④환당

19. 메뚜기들은 내가 한 발자국 다가갈 때마다 **逃亡**을 갔다.………(　　)
①도망　②조망　③도황　④조황

20. 관객들이 착석하자 드디어 **公演**이 시작되었다.………………(　　)
①송인　②공인　③공연　④송연

■ 다음 밑줄 친 한자어의 독음(소리)을 <보기>와 같이 쓰세요.

> **보기** 하루를 __一日__이라고 한다.
> ………………(　일일　)

㈜21. 나는 하루 학습량의 **基準**을 정하고 실천하기로 했다.…(　　)

㈜22. 나는 **圖書館**에서 아동문학 책 한 군을 빌렸다. …………(　　)

■ 다음 한자어의 독음(소리)을 <보기>와 같이 쓰세요.

> **보기** 一日 (　일일　)

㈜23. 對答 (　　)　㈜24. 態度 (　　)
㈜25. 感謝 (　　)　㈜26. 汚染 (　　)
㈜27. 寫眞 (　　)　㈜28. 關聯 (　　)
㈜29. 背景 (　　)　㈜30. 目標 (　　)
㈜31. 讀書 (　　)　㈜32. 實物 (　　)

■ 다음 뜻에 알맞은 한자어를 <보기>에서 골라 한자로 쓰시오.

> **보기** 約束, 氣分, 部分, 內容, 區分
> 活用, 文具, 子音, 始作, 成長

㈜33. 말, 글, 그림 따위의 모든 표현 매체 속에 들어있는 것.(　　)

㈜34. 마음에 저절로 느껴지는 유쾌함이나 불쾌함 따위의 감정.(　　)

㈜35. 사람이나 동물 따위가 자라서 점점 커짐. …………… (　　)

㈜36. 충분히 잘 이용함. …… (　　　)

㈜37. 발음 기관에 의해 구강 통로가 좁아지거나 막히는 따위의 장애를 받으며 나는 소리.…(　　　)

㈜38. 어떤 일이나 행동의 처음 단계를 이루거나 그렇게 하게 함.(　　　)

㈜39. 학용품과 사무용품 따위를 통틀어 이르는 말. ………(　　　)

㈜40. 일정한 기준에 따라 전체를 몇 개로 갈라 나눔. ………(　　　)

수학 [20문항]

■ 다음 한자어와 독음을 바르게 연결하세요.

1. 演劇 •　　　　　　① • 포함
2. 包含 •　　　　　　② • 연극
3. 學習 •　　　　　　③ • 비교
4. 比較 •　　　　　　④ • 학습
5. 模樣 •　　　　　　⑤ • 모양

■ 다음 뜻에 알맞은 한자어의 번호를 <보기>에서 찾아 쓰세요.

보기　①規則　②方法　③問題

6. 목적을 달성하기 위해 취하는 방식이나 수단. ………… (　　　)
7. 다 함께 지키기로 정한 사항이나 법칙. ……………… (　　　)

■ 다음 중 한자어의 독음이 바른 것의 번호를 쓰시오.

8. 補充 ………………… (　　　)
　①보윤　②포충　③보충　④포윤

9. 簡單 ………………… (　　　)
　①간단　②간선　③한단　④한선

■ 다음 문장 속 밑줄 친 한자어의 독음이 바른 것의 번호를 쓰세요.

10. 가상 공간 학습관에서 우주인 體驗을 할 수 있었다. …………(　　　)
　①예험　②체검　③예검　④체험

11. 우리는 각자의 役割에 최선을 다하기로 다짐을 하였다. …… (　　　)
　①투할　②역할　③역활　④투활

■ 다음 한자어의 뜻이 바른 것의 번호를 쓰세요.

12. 圖形 …………………… (　　　)
　① 점, 선, 면 따위를 쌓아서 만들어 놓은 그림책.
　② 그림으로 그려서 만든 삼각형.
　③ 점, 선, 면 따위가 모여 이루어진 사각형이나 원, 구 따위의 것.
　④ 점으로 그려 놓은 직선 형태.

13. 公園 …………………… (　　　)
　① 여러 사람이 쉬거나 즐길 수 있도록 마련된 정원이나 동산.
　② 공무원이 쉬거나 즐길 수 있도록 마련된 뒷동산.
　③ 공간이 있는 곳마다 만든 동산.
　④ 가족이 놀러가서 쉬는 곳.

■ 다음 밑줄 친 한자어의 독음(소리)을 <보기>와 같이 쓰세요.

> **보기**
> 하루를 一日이라고 한다.
> ·················(일일)

㈜14. 다음의 帶分數를 가분수로 고쳐 봅시다. ·············( )

㈜15. 여행을 떠나기 전 準備物에 빠진 물건이 없는지 살펴보아라.( )

■ 다음 한자어의 독음(소리)을 <보기>와 같이 쓰세요.

> **보기**
> 一日 (일일)

㈜16. 數學 ( )   ㈜17. 評價 ( )

■ 다음 뜻에 알맞은 한자어를 <보기>에서 골라 한자로 쓰시오.

> **보기**
> 各各, 完成, 學生, 標示
> 熱心, 箱子, 苦悶, 同生

㈜18. 어떤 일을 다 이루어 완전한 것으로 만듦. ··········· ( )

㈜19. 나무, 대, 종이 같은 것으로 만든 네모난 그릇. ·········· ( )

㈜20. 같은 부모에게서 태어난 자식 가운데 나이가 적은 사람.( )

> **과학 [20문항]**

■ 다음 한자어와 독음을 바르게 연결하세요.

1. 觀察 •   ① • 관찰
2. 物體 •   ② • 영향
3. 影響 •   ③ • 물체
4. 精確 •   ④ • 탄소
5. 炭素 •   ⑤ • 정확

■ 다음 뜻에 알맞은 한자어의 번호를 <보기>에서 찾아 쓰세요.

> **보기**
> ①構成 ②位置 ③氣體

6. 일정한 형태가 없고 유동성이 큰 물질의 기본적인 집합 상태. ( )

7. 사물이 일정한 곳에 자리를 차지함. ····························· ( )

■ 다음 중 한자어의 독음이 바른 것의 번호를 쓰시오.

8. 危險 ····························· ( )
①위험 ②위검 ③액험 ④액검

9. 情報 ····························· ( )
①청보 ②정복 ③청복 ④정보

■ 다음 문장 속 밑줄 친 한자어의 독음이 바른 것의 번호를 쓰세요.

10. 우리는 이 문제에 대한 대안의 探求를 위해 지혜를 모았다.···( )
①심구 ②탐구 ③탐수 ④심수

11. 다음의 **實驗** 결과를 표에 나타내어
보세요. ························· (   )
①실검   ②보험   ③실험   ④보검

■ 다음 한자어의 뜻이 바른 것의 번호를
쓰세요.

12. **磁化** ···················· (   )
① 자기장 안의 물체가 자기를 띠게 됨.
② 자석으로 변화된 물건.
③ 자기장이 변해서 된 물건.
④ 자석으로 변화시킨 물건.

13. **簡易** ···················· (   )
① 간편하게 바꿀 수 있게 함.
② 편지를 아주 쉽게 써내려감.
③ 편지를 서로 바꿔서 읽음.
④ 간편하게 이용하기 쉽게 함.

■ 다음 밑줄 친 한자어의 독음(소리)
을 <보기>와 같이 쓰세요.

| 보기 | 하루를 <u>一日</u>이라고 한다.
················(일일) |

㈜14. 우리는 이 거리를 **測定**을 해 보
기로 했다. ···········(   )

㈜15. 요즘 같은 때에는 날씨의 **變化**가
심하다. ·············· (   )

■ 다음 한자어의 독음(소리)을
<보기>와 같이 쓰세요.

| 보기 | 一日 (일일) |

㈜16. **連結** (   )   ㈜17. **物質** (   )

■ 다음 뜻에 알맞은 한자어를 <보
기>에서 골라 한자로 쓰시오.

| 보기 | 性質, 空氣, 氣溫, 溫度
方向, 使用, 計劃, 利用 |

㈜18. 차가움과 뜨거움의 정도를 나타
내는 수치. ··············(   )

㈜19. 사물을 필요로 하거나 소용이 되
는 곳에 씀. ·········· (   )

㈜20. 지구를 둘러싼 대기의 하층부를 구
성하는 투명한 기체.··· (   )

도덕 [20문항]

■ 다음 한자어와 독음을 바르게 연결
하세요.

1. 北韓 •   ① • 갈등
2. 携帶 •   ② • 휴대
3. 配慮 •   ③ • 배려
4. 出處 •   ④ • 출처
5. 葛藤 •   ⑤ • 북한

■ 다음 뜻에 알맞은 한자어의 번호를
<보기>에서 찾아 쓰세요.

| 보기 | ①老人 ②討議 ③練習 |

6. 어떤 문제에 대하여 함께 검토하고
협의함. ·························· (   )

7. 학문이나 기예 따위가 익숙하도록 되풀이하여 익힘. ………… ( )

■ 다음 중 한자어의 독음이 바른 것의 번호를 쓰시오.

8. 選擧 ……………………… ( )
  ①선거 ②선여 ③찬거 ④찬여

9. 學級 ……………………… ( )
  ①학흡 ②학급 ③각급 ④각흡

■ 다음 문장 속 밑줄 친 한자어의 독음이 바른 것의 번호를 쓰세요.

10. 나는 내일 다시 한번 만나자고 提案을 했다. ……………… ( )
  ①시안 ②제송 ③시송 ④제안

11. 가까운 친구일수록 서로 尊重이 필요하다. ……………… ( )
  ①준중 ②준동 ③존중 ④존동

■ 다음 한자어의 뜻이 바른 것의 번호를 쓰세요.

12. 意味 ……………………… ( )
  ① 어떤 말이나 글이 나타내고 있는 내용.
  ② 타인의 의견을 물어본 말.
  ③ 뜻대로 맛을 보고 말함.
  ④ 어떤 글의 내용을 음미함.

13. 理解 ……………………… ( )
  ① 마을에서 해방되는 날.
  ② 사리를 분별하여 해석함.
  ③ 이치가 맞는지 확인해 봄.
  ④ 사리에 맞게 풀이해 줌.

■ 다음 밑줄 친 한자어의 독음(소리)을 <보기>와 같이 쓰세요.

| 보기 | 하루를 一日이라고 한다. …………………(일일) |

㉾14. 운전자는 도로 標識板을 보고 안전 운행을 하여야 한다.( )

㉾15. 우리나라는 아직 著作權에 대한 인식이 많이 부족한 것 같다. ………………………( )

■ 다음 한자어의 독음(소리)을 <보기>와 같이 쓰세요.

| 보기 | 一日 (일일) |

㉾16. 實踐 ( ) ㉾17. 周邊 ( )

■ 다음 뜻에 알맞은 한자어를 <보기>에서 골라 한자로 쓰시오.

| 보기 | 努力, 統一, 人事, 平和
自己, 希望, 有名, 協同 |

㉾18. 앞일에 대하여 좋은 결과를 기대함. ……………… ( )

㉾19. 마주 대하거나 헤어질 때에 예를 표함. ………………( )

㉾20. 목적을 이루기 위하여 있는 힘을 다해 부지런히 애를 씀.( )

사회 [15문항]

■ 다음 한자어와 독음을 바르게 연결
하세요.

1. 特徵 •　　　　　① • 특징
2. 參與 •　　　　　② • 전통
3. 傳統 •　　　　　③ • 참여
4. 多樣 •　　　　　④ • 피해
5. 被害 •　　　　　⑤ • 다양

■ 다음 뜻에 알맞은 한자어의 번호를
<보기>에서 찾아 쓰세요.

> 보기　　①社會　②地域　③地形

6. 공동생활을 영위하는 모든 형태의
인간 집단. ……………… (　　)

7. 일정하게 구획된 어느 범위의 토
지. ………………………… (　　)

■ 다음 중 한자어의 독음이 바른 것의
번호를 쓰시오.

8. 發達 …………………………… (　　)
　① 발단　　　　② 말단
　③ 발달　　　　④ 말달

■ 다음 문장 속 밑줄 친 한자어의 독
음이 바른 것의 번호를 쓰세요.

9. 소방차가 <u>到着</u>하였으나 불법 주차
차량 때문에 애를 태운다.…(　　)
　① 치착　　　　② 도간
　③ 치간　　　　④ 도착

■ 다음 한자어의 뜻이 바른 것의 번호
를 쓰세요.

10. 發展 ……………………… (　　)
　① 전시장으로 출발함.
　② 사물이 보다 낫고 더 좋은 상태
　　로 나아감.
　③ 출발했는지 전시회에서 연락함.
　④ 전기를 만들어 냄.

11. 移動 ……………………… (　　)
　① 움직여 옮김.
　② 운동하러 옮겨 감.
　③ 옮겨서 정리 함.
　④ 움직이니 운동이 됨.

■ 다음 밑줄 친 한자어의 독음(소리)
을 <보기>와 같이 쓰세요.

> 보기　　하루를 <u>一日</u>이라고 한다.
> ………………(　　일일　　)

㉬12. 아버지는 소프트웨어 <u>開發</u> 업체
에서 근무하신다.…(　　　　)

㉬13. 나는 어렸을 때부터 세계 <u>地圖</u>를
보고 자랐다.………(　　　　)

■ 다음 한자어의 독음(소리)을
<보기>와 같이 쓰세요.

> 보기　　一日 (　　일일　　)

㉬14. 環境 (　　　　)

㉬15. 神奇 (　　　　)

<6학년> 초등교과서 한자어 평가문제 해답

【국어 1~40】		31	독서	【과학 1~20】		10	④
1	⑤	32	보물	1	①	11	③
2	④	33	內容	2	③	12	①
3	③	34	氣分	3	②	13	②
4	②	35	成長	4	⑤	14	표지판
5	①	36	活用	5	④	15	저작권
6	③	37	子音	6	③	16	실천
7	①	38	始作	7	②	17	주변
8	②	39	文具	8	①	18	希望
9	④	40	區分	9	④	19	人事
10	①	【수학 1~20】		10	②	20	努力
11	④	1	②	11	③	【사회 1~15】	
12	③	2	①	12	①	1	①
13	②	3	④	13	④	2	③
14	③	4	③	14	측정	3	②
15	①	5	⑤	15	변화	4	⑤
16	②	6	②	16	연결	5	④
17	④	7	①	17	물질	6	①
18	③	8	③	18	溫度	7	②
19	①	9	①	19	使用	8	③
20	③	10	④	20	空氣	9	④
21	기준	11	②	【도덕 1~20】		10	②
22	도서관	12	③	1	⑤	11	①
23	대답	13	①	2	②	12	개발
24	태도	14	대분수	3	③	13	지도
25	감사	15	준비물	4	④	14	환경
26	오염	16	수학	5	①	15	신기
27	사진	17	평가	6	②	교과서
28	관련	18	完成	7	③	한자어는
29	배경	19	箱子	8	①	오락(五樂)
30	목표	20	同生	9	②	공부!

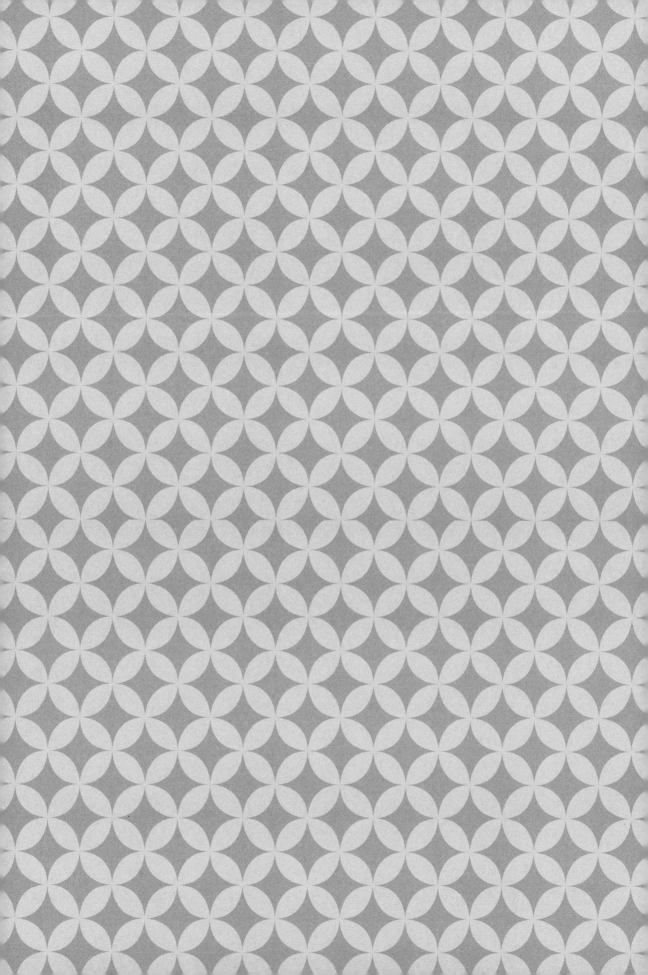

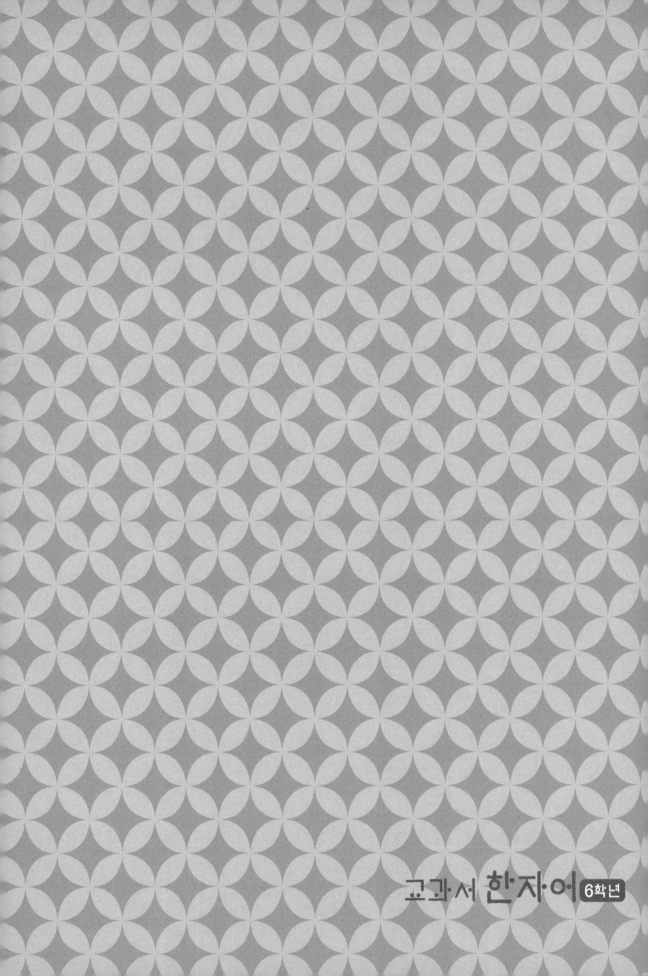

교과서 한자어 6학년